意识形态问题十讲

宋惠昌◎著

中共中央党校出版社

图书在版编目（CIP）数据

意识形态问题十讲 / 宋惠昌著 . -- 北京：中共中央党校出版社，2020.8（2025.1 重印）

ISBN 978-7-5035-6748-3

Ⅰ. ①意… Ⅱ. ①宋… Ⅲ. ①社会意识形态—研究—中国 Ⅳ. ① D092.7

中国版本图书馆 CIP 数据核字（2020）第 024305 号

意识形态问题十讲

策划统筹	冯 研
责任编辑	闫 莉
责任印制	陈梦楠
责任校对	李素英
出版发行	中共中央党校出版社
地　　址	北京市海淀区长春桥路 6 号
电　　话	（010）68922815（总编室）　（010）68922233（发行部）
传　　真	（010）68922814
经　　销	全国新华书店
印　　刷	北京盛通印刷股份有限公司
开　　本	700 毫米 ×1000 毫米 1/16
字　　数	130 千字
印　　张	10
版　　次	2020 年 8 月第 1 版　2025 年 1 月第 11 次印刷
定　　价	38.00 元

微 信 ID：中共中央党校出版社　**邮　箱**：zydxcbs2018@163.com

编写说明

意识形态问题具有根本性、战略性、全局性意义，在引领思潮、凝聚人心、推动发展方面发挥着强大支撑作用，也决定着文化前进方向和发展道路。本书是宋惠昌教授在多年教学科研工作过程中，结合国内外政治意识形态研究理论和实践发展出现的新情况、新问题做的新的思考的总结与提炼。全书从意识形态的功能入手，结合当前相关理论与实践重点论述了马克思主义在意识形态中的地位，社会主义意识形态中的问题与经验，改革开放、科技发展、国际关系中的意识形态问题以及当前人类命运共同体背景下意识形态问题的发展趋势讨论，高屋建瓴但又主题突出，切合实际。本书对于广大党员干部澄清对意识形态的错误认识，加深对意识形态的了解，正确树立社会主义核心价值观具有重要的指导意义；同时也能丰富学界的理论研究成果，满足学术研究的需要。

本书的作者宋惠昌，中央党校哲学教研部教授、博士生导师，中国意识形态问题专家、伦理学专家。长期从事马克思主义哲学研究，主要研究领域有马克思主义伦理学、意识形态理论、社会发展理论、政治哲学等。1992 年起开始享受政府特殊津贴。

引言　意识形态问题的重要性和复杂性

人们越来越清楚地认识到，当前我们所生活的世界是一个充满矛盾、变幻莫测而又丰富多彩的时空。在这里，经济科技的发展自然是具有决定性作用的因素，同时也必须看到，经济基础之上的各种上层建筑因素，产生的是一种不可忽视的反作用。经济基础与上层建筑各因素形成一种历史的合力，共同推动着时代向前发展。在对世界发展机制的进一步研究中，我们将会看到，在推动时代发展的历史合力诸因素中，人的精神因素，如思想、文化，特别是意识形态，所起的特殊重要作用及其产生的复杂社会效应，是需要我们认真研究的一个重要理论问题。

古代哲学家说过，人是一种天生的政治动物。的确如此。当今时代里，我们生活在一个政治社会中，置身于复杂的政治因素中，各种各样的意识形态是不可回避的且必须认真对待的一种特殊精神存在。比如，在现实生活中，我们究竟应该如何辨别和如何对待社会主义和资本主义，自由主义和保守主义，民主主义和专制主义，还有人权、自由、宪政、法治等理念。对这些复杂的意识形态问题，我们必须具有马克思主义的理论立场和科学的方法论。因此，我们应该在马克思主义意识形态的基本理论领域下功夫，特别是对意识形态的主要范畴、基本原理的研究方面花更大的力气。这样，我们才能对这些复杂的理论问题有一个真正科学的理解。这是本书写作的一个重要目的。

实践证明，如何科学地对待复杂的意识形态问题，不仅是一个学理问题，也是一个现实问题。比如，如何有效地在青年一代中进行马克思主义思想教育，保证有中国特色社会主义事业的健康发展，就是意识形态领域中的一个迫切任务。在这方面，2019年9月中共中央办公厅、国务院办公厅印发的《关于深化新时代学校思想政治理论课改革创新的若干意见》，实际上给我们提出了一个严肃的意识形态课题。在解决这个课题的时候，当然要研究教学方法的问题，但是，更重要的是，如何使我们的马克思主义基本理论教育更加具有说服力和吸引力。长期的高等教育经验教训说明，思想政治理论课改革创新，即提高马克思主义理论教学水平，应当在意识形态基础理论的研究上下更大的功夫。

公民道德建设、爱国主义教育等的实施，其实质内容也是一种意识形态性质的任务。2019年秋中共中央和国务院颁布的《新时代公民道德建设实施纲要》《新时代爱国主义教育实施纲要》，就是这样一个任务。在我国社会的政治生活中，公民的道德建设、公民的爱国主义教育以及各种文化建设，都具有鲜明的意识形态性质。因此，要使其能够健康发展，贯彻社会主义方针，必须具有牢固的马克思主义基本理论基础。

从更深远的意义上说，中国特色社会主义事业要发展，并且要提到更高的历史水平，必须继续深入进行改革开放。大量事实证明，改革开放事业要健康发展，必须坚持马克思主义的指导。这个问题的实质，就是加深意识形态理论研究，加强马克思主义意识形态建设，切实确立马克思主义在意识形态领域中的指导地位。

这里我们已经比较充分地说明了在当代中国加强意识形态建设的重要性，同时，我们还必须看到在社会政治生活中意识形态效应的复杂性。

首先，意识形态效应的复杂性在当代国际社会中表现得相当尖锐。在当前世界各国国家关系中，不同社会制度之间的矛盾斗争，无论是在经济交往中，还是在政治、文化的交流中，利益争夺中那些复杂而尖锐的意识形态表现形式，人们已经司空见惯了。其次，还有一些特殊的政治斗争形式，如近些年一些地区的极端宗教势力，实际上是以某种特殊的意识形态作为自己的思想旗帜兴风作浪。最后，在这些极端宗教势力的行动中，某些大国往往为了自己的利益，以某种意识形态作为思想工具，达到自己的目的。这就是说，在复杂的国际政治斗争中，我们应该学会透过意识形态的迷雾，看清楚事情的本质。

在我国的社会政治生活中，特别是在由于改革开放而形成的社会激烈变革过程中，在不同的利益驱动下，各种社会思潮，不同的意识形态，随着国内外形势的变化，正在产生各种各样不同的思想政治影响。所以，更加强调马克思主义在意识形态领域的指导作用，确立意识形态建设的正确方向，是十分重要的。

意识形态建设，实质上包括广义的文化建设、价值观建设和思想政治建设。因此，马克思主义意识形态建设，对于社会主义社会的健康发展具有重要的指导作用。对此，2019 年 10 月召开的中国共产党十九届四中全会强调指出，要坚持和完善繁荣发展社会主义先进文化的制度，巩固全体人民团结奋斗的共同思想基础。发展社会主义先进文化、广泛凝聚人民精神力量，是国家治理体系和治理能力现代化的深厚支撑。必须坚定文化自信，牢牢把握社会主义先进文化前进方向，激发全民族文化创造活力，更好构筑中国精神、中国价值、中国力量。要坚持马克思主义在意识形态领域指导地位的根本制度，坚持以社会主义核心价值观引领文化建设制度，健全人民文化权益保障制度，完善坚持正确导向的舆论引导工作机制，建立健全把社会效益放在首位、社会效益和经济效益相统一的文化创作生产体制机制。①

① 据新华社北京 2019 年 10 月 31 日电《中国共产党第十九届中央委员会第四次全体会议公报》。

目 录

第一讲　什么是意识形态 …………………………………… 1

一、意识形态的历史渊源 …………………………………… 2

（一）意识形态的起源和形成 ……………………………… 2

（二）马克思主义意识形态理论的诞生 …………………… 4

二、意识形态理论的发展 …………………………………… 7

三、意识形态范畴的基本内涵 ……………………………… 9

第二讲　意识形态的本质 …………………………………… 17

一、现实政治的根本利益：意识形态的灵魂 ……………… 18

二、政治权力：意识形态的现实基础 ……………………… 20

三、意识形态的社会自我意识本质 ………………………… 22

四、思想性：意识形态的本质特征 ………………………… 24

五、意识形态本质的内在二重性 …………………………… 26

第三讲　意识形态的社会功能 ……………………………… 30

一、意识形态的基本社会功能 ……………………………… 30

（一）社会共同体政治合法性的依据功能 ………………… 31

（二）意识形态的政治凝聚和思想旗帜功能 ……………… 32

（三）意识形态的社会价值导向功能 ……………………… 34

（四）意识形态的政治动员功能 …………………………… 35

（五）意识形态的政治行为规范功能 …………………… 36
（六）意识形态对社会心理的升华和定向功能 ………… 38
二、科学地认识意识形态的功能 ………………………… 40

第四讲　坚持马克思主义在意识形态领域中的指导地位 … 45

一、马克思主义意识形态的本质特征 …………………… 45
（一）马克思主义意识形态的辩证唯物主义认识论基础 …… 46
（二）马克思主义意识形态的唯物辩证法基础 ………… 48
（三）马克思主义意识形态理论的唯物史观基础 ……… 49
二、坚持马克思主义在意识形态领域中的指导地位 …… 51
三、科学地理解马克思主义的指导地位，充分发挥意识形态的特殊作用 ………………………………………………… 55
（一）正确把握中国当代马克思主义的实质 …………… 56
（二）不断增强马克思主义的科学性，充分发挥马克思主义的指导作用 ………………………………………… 57
（三）正确掌握马克思主义在意识形态领域中的话语权 …… 58

第五讲　当代中国的意识形态改革 …………………… 61

一、中国当代社会发展中的意识形态的经验教训 ……… 61
二、改革开放与意识形态的变革 ………………………… 64
（一）“拨乱反正”与“解放思想” ……………………… 65
（二）真理标准讨论：改革开放的思想先声 …………… 68
（三）开展两条思想战线斗争的意识形态新思路 ……… 71
（四）平反冤假错案与实事求是思想作风的进一步发扬 …… 73
（五）摆脱姓“资”、姓“社”等抽象意识形态争论，进一步解放思想 ……………………………………………… 75

第六讲　马克思主义意识形态建设的主要原则
——对苏联解体意识形态教训的反思 …………… 79
一、马克思主义意识形态建设的人民主体原则 ………… 79
二、马克思主义意识形态建设的开放性原则 ………… 81
三、马克思主义意识形态建设的多元性原则 ………… 85
四、马克思主义意识形态建设的创造性原则 ………… 89

第七讲　意识形态与文化教育 ………………… 95
一、什么是文化 ……………………………… 95
二、意识形态与政治文化 …………………… 102
三、意识形态与传统文化 …………………… 104
四、意识形态与信仰文化 …………………… 107

第八讲　意识形态异化的扬弃和人的解放 ………… 110
一、人的解放的基本条件和历史进程 …………… 110
二、意识形态异化的扬弃：人的思想解放
——以宗教的意识形态异化之扬弃为中心的研究 ……… 113
三、彻底破除拜物教意识，确立以人为本
——人的价值的真正实现 ………………… 116

第九讲　科技革命中的意识形态演变 ………… 122
一、从传统的意识形态束缚中解放出来 ………… 122
二、高科技时代的政治意识形态转型 ………… 127
三、科技革命和人类政治视野的扩大 ………… 130

第十讲　人类文明的进步发展与马克思主义的生命力 … 134
一、人类文明发展的实践：马克思主义意识形态生命力的
源泉 …………………………………… 134

二、认真总结实践经验，在新的科学概括中实现马克思主义的理论创新 ………… 137
三、马克思主义在批判地继承人类文明积极成果的过程中不断向前发展 ………… 141

后　记 ………… 145

第一讲　什么是意识形态

在许多学术著作中，当提出和解释意识形态这个范畴的时候，作者们往往表现得都很谨慎。为什么呢？因为在哲学和社会科学的研究中，意识形态范畴的内涵、本质和社会功能等问题十分复杂，而且在政治理论和学术领域中争议最大。至于在对意识形态范畴的实际运用过程中，歧义就更多了。所以，无论是在理论上还是实践上，我们都需要下很大的功夫对意识形态这个范畴予以研究，以期能够在实践和理论的结合中，真正具有马克思主义意识形态的坚实理论基础。这样，才能在现实矛盾中，有明确而清醒的理论立场。

在马克思主义理论的研究中，意识形态问题越来越受到人们的重视，这主要是由于它在社会政治生活中具有特殊的重要性，同时，在现实生活中意识形态问题又表现出特殊的复杂性。意识形态问题矛盾的焦点在于人们对意识形态范畴的内涵的各种不同的理解。为什么对意识形态内涵的理解会有如此多的分歧呢？这主要是时代深刻的、迅速的变革，在意识形态领域的反映；同时也说明人们在意识形态问题上有许多非科学性的认识，甚至有某些政治实用主义的倾向。这样，意识形态问题的理论研究中就出现了混乱的状况。由于历史的原因和各种主客观因素的影响，我们在意识形态问题的理论研究中和意识形态领域的实际工作中，都曾经走过曲折的道路，需要认真总结这方面的经验教训。认真总结经验教训的关键之一，在于认真研究马克思主义意识形态的基本原理，努力提高意识形态的理论水平。理论研究的经验告诉我们，必须对意识形态的本质有科学的认识，而解决这个问题的理论前提是，必须把究竟什么是意识形态这个问题真正搞清楚。

一、意识形态的历史渊源

目前学术界所使用的意识形态范畴，有一个历史起源、形成和发展过程。这个思想的历史过程，是人类对客观世界、社会和人本身认识的不断深化，特别是对人类精神世界本质和规律认识水平的不断提高的过程。这其中需要解决的一个重要理论问题是科学认识意识形态的历史渊源及其发展变化过程。

（一）意识形态的起源和形成

目前所能查阅到的有关学术文献表明，意识形态范畴的起源是相当古老的。有一种说法认为，“意识形态”这个范畴是古希腊时代那场“古今之争”的同义语。当时作为科学和文明的拥护者的厚今派的代表用意识形态一词攻击旧的传统和旧的宗教，并在某些场合试图对古代宗教信仰的起源做出科学的解释。在学术界还有这样一种看法，即认为意识形态这个范畴在哲学上的根源最早见于英国哲学家培根的“偶像说”（idola）。“偶像说”是指错误的观念或成见，是对认识知识的一种障碍。从其含义来看，“偶像说”与目前关于意识形态内涵的理解有某些相同之处。但是，“偶像说”未能从根本上明确阐释意识形态这个范畴。①

一般来说，现在学术界通用的意识形态这个范畴，是近代欧洲思想启蒙运动的产物。据目前的几种权威性辞典中的记载，“意识形态”

① 〔英〕亚当·库珀，杰西卡·库珀主编：《社会科学百科全书》，上海译文出版社1989年版，第345页。

（也称作“观念学”“思想体系”）这个范畴，是法国大革命时代的启蒙哲学家德斯图·德·特拉西最早提出和使用的。他在《意识形态原理》（一译为《观念学原理》）一书中认为，“意识形态”这个名词表示的是一种“思想的科学”或“观念科学”。特拉西进而指出，“意识形态”是通过一种关于实际的理智过程的理论批判而形成的，它与那些解释性的理论、体系或哲学是有区别的，是一种负有使命的科学；“意识形态”的目标是为拯救人类和为人类服务，使人类摆脱偏见，而为理性的统治做好准备。按照这种意识形态学说，特拉西和他的信徒曾设计了一种国民教育制度，以期把法国社会改造成为一个理性的科学的社会。因此，特拉西的这种意识形态学说，曾一度得到拿破仑的支持并成为国家的法定学说。但是，后来拿破仑又把德国的军事失利归咎于这些“意识形态学家”的学说的影响。这样，在以后沿用的“意识形态”这一概念，就有了肯定和否定的两种理解。[①] 当然，之所以对意识形态范畴产生这样两种不同的理解，与后来人们读到的马克思和恩格斯在《德意志意识形态》一书中对意识形态范畴的批判性研究也有一定的关系。所以，对意识形态范畴的不同理解，甚至会有截然相反的认识，虽然这种理解差异有着特定历史原因，但归根结底，是由意识形态范畴内在矛盾的本质决定的。

西方各国学术界对意识形态问题的早期研究开展得较多，对一些问题探讨也比较广泛和细致，集中反映了西方社会的政治发展、国际关系和外交政策的历史水平。在西方学术界，有关意识形态问题的学术研究成果，主要是通过政治学著作方式表现出来。社会实践中，意识形态问题主要是在现代社会的政治生活中显示出来的，这就是无论是在某种社会群体中，还是在某个政治群体（如政党、社会集团）中，都可能因为意识形态上的区别，而划分出不同的政治派别，突出

① 《简明不列颠百科全书》，中国大百科全书出版社 1986 年版，第 101—102 页。

表现为把意识形态划分为“左”“右”“中”等。对意识形态此种划分方法，源自法国大革命时代1789年法国的国民议会。当时，为使政见相似的代表组成核心小组，也为了把那些可能“口手并用”的强硬政客分开，大家围绕着半圆形的大厅坐下：保守主义者（倾向于维持君主制）坐在发言席的右侧；激进主义者（要求彻底抛弃旧制度，建立自由、平等的共和制）坐在左侧；持中间立场的人（希望某些变革）坐在中间。自此，人们就把他们的意识形态分别称为左派、中间派和右派。一般而言，左派拥护平等、福利经济和适当时机的政府干预经济；右派强调个人自主性、私营经济的创造力；中间派努力综合、调和二者的观点。位于他们之间的人，则被称作“中左”或“中右”。当然，在现实的政治斗争中，“左”或“右”的党派，则分别以共产主义、社会民主主义、自由主义、保守主义等来表示自己的意识形态倾向。①

事实证明，这种划分对于意识形态的传播和发展具有重要意义，在当代社会仍然深刻而广泛地影响着人们的意识形态观念。

（二）马克思主义意识形态理论的诞生

马克思主义的产生是意识形态理论史上一个具有历史意义的变革。当然，马克思主义本身就是一种意识形态。马克思、恩格斯、列宁等马克思主义经典作家，在狭义的意识形态的理论研究上，在意识形态的发展中，都做出了巨大的历史贡献。

对于马克思恩格斯来说，他们的意识形态学说是他们所创立的历史唯物主义哲学的一个组成部分，也就是说，历史唯物主义哲学世界观形成，标志着他们的意识形态学说的形成。那么，作为唯物史观范畴的意识形态是如何诞生的呢？对此，马克思恩格斯写道：“这种历史观就在于：从直接生活的物质生产出发来考察现实的生产过程，并

---

① 〔美〕迈克尔·罗斯金等著，林震等译：《政治科学》（第6版），华夏出版社2001年版，第80页。

把与该生产方式相联系的、它所产生的交往形式，即各个不同阶段上的市民社会，理解为整个社会的基础；然后必须在国家生活的范围内描述市民社会的活动，同时从市民社会出发来阐明各种不同的理论产物和意识形式，如宗教、哲学、道德等，并在这个基础上追溯它们产生的过程。"他们还指出："这种历史观和唯心主义历史观不同，它不是在每个时代中寻找某种范畴，而是从物质实践出发来解释观念的东西。"[①] 这就是说，宗教、哲学、道德等意识形态形式，归根到底是现实社会物质生产关系的产物。所以，马克思恩格斯创立的唯物史观揭示了意识形态的真正起源。

不过，这里必须指出的是，在马克思恩格斯的早期著作《德意志意识形态》中，是把"意识形态"作为一个贬义词来用的，是作为一种批判的对象来阐述的。正如《德意志意识形态》第 1 卷的标题所指出的，是"对费尔巴哈、布·鲍威尔和施蒂纳所代表的现代德国哲学的批判"。这就是说，马克思恩格斯当年所说的"意识形态"是"德意志意识形态"，即青年黑格尔派所代表的德国唯心主义哲学体系。虽然马克思恩格斯对"德意志意识形态"是持批判态度的，但是，他们并没有否定它的历史价值，而是把它也作为一般意识形态来对待的，因为在他们看来，意识形态是人类社会发展的一种历史产物。

关于这个思想，他们曾经写过这样一段话："我们仅仅知道一门唯一的科学，即历史科学。历史可以从两方面来考察，可以把它划分为自然史和人类史。但这两方面是不可分割的；只要有人存在，自然史和人类史就彼此相互制约。自然史，即所谓自然科学，我们在这里不谈；我们需要研究的是人类史，因为几乎整个意识形态不是曲解人类史，就是完全撇开人类史。意识形态本身只不过是这一历史的一个方

---

① 《马克思恩格斯全集》第 3 卷，人民出版社 1961 年版，第 42—43 页。

面。”[①] 这就是说，在马克思恩格斯看来，意识形态是人类社会发展中的一种历史现象，即人的精神生活发展在一定历史阶段上的特殊表现形式。

马克思主义的意识形态理论形成之后，也有一个不断地完善的过程。在目前的学术研究中认为，意识形态作为哲学范畴是历史唯物主义的一个重要组成部分。在马克思主义经典作家的理论著作中，对意识形态概念内涵的解释也不尽相同。因为正如前面所说，马克思恩格斯当年在使用“意识形态”这个概念的时候，主要是用来批判资产阶级唯心主义观点，所以，曾经一度把“意识形态”说成是一种“虚假意识”。其实，这并不是马克思恩格斯关于意识形态内涵和本质的全面阐述。在大部分著作中，他们主要是把意识形态作为一种特殊的社会意识形式来研究的，它与通常说的“科学意识”不同，是一个政治哲学范畴或者社会哲学范畴。后来的马克思主义理论家，包括列宁、毛泽东等在内，对意识形态问题的阐述，基本上沿用了马克思恩格斯的思想。

20世纪以来，各国的马克思主义学者，特别是苏联、中国的学术界，对马克思恩格斯所创立的意识形态理论，除了进行系统的阐述之外，还用新的实践经验总结，对意识形态问题进行了不断的探索，这其中，哲学界在意识形态问题的研究上提出了不少新的观点，不断地丰富和发展了马克思主义意识形态理论。关于这方面的问题，如关于意识形态范畴内涵的研究，关于意识形态的本质的研究，特别是对当代世界政治发展中各种意识形态问题的研究，等等，我们将在下面相关的部分予以具体论述。

目前我国学术界对意识形态问题的研究和基本理论的阐述，主要是运用马克思主义的基本观点，阐述当代社会中的一些实际问题，特

---

① 《马克思恩格斯选集》第1卷，人民出版社1995年版，第66页。

别是集中宣传中国特色社会主义理论。还有一些政治学著作，对西方学术界关于意识形态问题的研究状况进行了评介，这对于发展马克思主义意识形态理论，也具有借鉴价值。

二、意识形态理论的发展

有的学者认为，意识形态范畴从其提出到第一次世界大战，学术界对意识形态的理论研究曾经消沉了一段时间。后来，意识形态问题又开始受到重视，在此期间，1929 年德国哲学家卡尔·曼海姆出版《意识形态与乌托邦》一书，对推动意识形态理论研究起了很大作用。曼海姆的这部著作系统研究了知识社会学的理论，其中对意识形态的理论问题进行了开创性的研究。他对意识形态这个范畴作了独特的考察，在理论界产生了很大影响，推动意识形态理论的研究走向更高水平，奠定了知识社会学的基础。曼海姆从社会学的角度研究了当时的思想问题（实际上也是政治问题）。他认为，当时的一个时代性的问题是所谓"对集体的无意识控制"，而意识形态和乌托邦这两个范畴则是可以说明这一问题的。什么是意识形态呢？曼海姆写道："'意识形态'概念反映了来自政治冲突的一个发现，即统治集团可以在思维中变得如此强烈地把利益与形势密切联系在一起，以致它们不再能看清某些事实，这些事实可能削弱它们的支配感。在'意识形态'一词中内含着一种洞悉，即在一定条件下，某些群体的集体无意识既对其本身，也对其他方面遮掩了真实的社会状况，从而使集体无意识得到稳定。"①

在解释他对意识形态范畴（概念）实质理解的进一步论述中，曼海姆说，意识形态这个术语应该有两种不同的含义，即它的特殊含义

① 〔德〕卡尔·曼海姆著，黎鸣等译：《意识形态与乌托邦》，商务印书馆 2000 年版，第 41 页。

和总体含义，与这两种含义相应的则是意识形态的特殊概念和意识形态的总体概念。而无论哪一种含义的意识形态，都具有有意或无意的伪装或歪曲的特征，正如这位思想家说的："从有意识的谎言到半意识和无意识的伪装，从处心积虑愚弄他人到自我欺骗。这一意识形态概念只是逐渐才变得有别于关于谎言的常识性观念，它在几种意义上是特殊的。当与范围更广的意识形态的总体概念相对照时，它的特殊性就变得更为明显。在此，我们指的是某个时代或某个具体的历史—社会集团（如阶级）的意识形态，前提是我们关心的是这一时代或这一集团的整体思维结构的特征和组成。"关于这两种不同概念上的意识形态，他还进一步解释说："其实，意识形态的特殊概念只表示论敌作为意识形态的主张的一部分——而且这一概念仅关系到这些主张的内容，总体的概念则对论敌的总体世界观（包括他的概念结构）表示怀疑，并试图把这些观念理解为他所参与的集体生活的结果。"①

这就是说，作为人们的思想方式，它的两种类型，即特殊概念的意识形态，它是尽力掩饰、扭曲真相，有意无意地为了自己的利益自欺并欺人；总体概念的意识形态，它指的是人们的总体世界观或对一种生活方式的彻底信仰。很显然，我们在这里所运用的意识形态范畴，不是指前者（这纯粹是心理学层次上的），而是指总体概念的意识形态（这是哲学层次上的）。后来的事实证明，曼海姆对意识形态的系统研究，对意识形态范畴的重新流行起了重要作用。

在解释意识形态的历史形成的问题时，德国著名社会学家马克斯·韦伯阐述了这样一个观点，意识形态作为一种新的世界观，"是在批判世界的传统的独断解释中产生，声称具有一种科学的品格。然而它们保留了合法化功能（legitimating function），因而保持着难以分

---

① 〔德〕卡尔·曼海姆著，黎鸣等译：《意识形态与乌托邦》，商务印书馆 2000 年版，第 56—58 页。

析和公开化的实际权力关系。就是在这种情况下，这种有限意义上的意识形态首次形成。它以现代科学的外貌出现，从对意识形态的批判中获取正当性，从而取代了权力的传统合法性。意识形态和对意识形态的批评同时产生。在这个意义上，不可能存在前资产阶级的意识形态”。[①] 这就是说，意识形态是资产阶级革命的思想启蒙运动的产物。

人类社会的意识形态，即社会的自我意识，其形成、发展、完善以及后来的不断分化，一直演化到当代世界中复杂、丰富的意识形态类型，有一个漫长的历史过程。当然，这与意识形态的理论研究也是一个历史过程。

这里需要说明的是，上面主要是对除了苏联、中国学术界在马克思主义意识形态理论研究方面的进展之外所做的一些简要介绍，其余的内容将在有关部分具体阐述。

三、意识形态范畴的基本内涵

所谓意识形态范畴的基本内涵，实际上就是究竟应该如何给意识形态范畴下定义的问题。近代以来，特别是包括苏联、中国等社会主义国家的学术界在内的当代政治学家、政治哲学家、特别是哲学家，对意识形态范畴的定义，作了各种各样的界说，虽然这些界说各有一定的局限性，但都有重要的学术价值。研究关于意识形态范畴的这些定义、界说，对于我们全面认识意识形态范畴的科学内涵，无疑是有重要意义的。这里，我们对近代以来学术界关于意识形态范畴定义问题的研究成果，以马克思主义为指导，进行一些批判性的梳理，做出几点概括。

---

① 转引自〔英〕大卫·麦克里兰著，孔兆政、蒋龙翔译:《意识形态》(第2版)，吉林人民出版社2005年版，第3页。

第一，意识形态是特定的阶级、社会集团的思想体系和价值追求目标。

在这方面，具有代表性的观点，是苏联费·瓦·康斯坦丁诺夫主编的《马克思列宁主义哲学原理》(1982 年版）一书中关于意识形态范畴的简明定义："意识形态是直接或间接反映社会的经济特点与社会特点，表现社会一定阶级的状况、利益与目的，旨在保存或改变现在社会制度的思想观点和体系。"还有波兰学者 M. 杜勃罗西乐斯基认为，意识形态是一个由各种见解构成的思想体系，它表现一定阶级或社会的主要价值和目的。鼓励、推动和动员那些为获得一定的价值和达到目的而进行的社会实践活动。"意识形态是一定阶级或社会自我理解和自我表现的一种特殊尝试。因此，它不仅仅是社会现实的反映和描述，而且主要是影响社会现实的手段。"[①]很显然，这些定义中都突出了意识形态工具性的政治意义。

在我国学术界，有学者认为意识形态是反映特定阶级或社会集团的利益和要求的观念体系，比较有代表性的是肖前主编的《马克思主义哲学原理》一书中关于"意识形态"的定义，该书对意识形态范畴的内涵是这样界定的：在马克思和恩格斯那里，是"把它作为和经济形态相对应的重要范畴，指反映特定经济形态、从而也反映特定阶级或社会集团的利益和要求的观念体系。在现代西方思想学术界，意识形态被定义为一种由特定社会集团使用来解释世界的概念框架，是一种'世俗的宗教'。总之，无论在马克思主义的解释中，还是在现代西方学术传统中，意识形态一词都有反映或体现特定社会集团利益的含义，是一种与'科学意识'不同的东西"[②]。在这个定义中，作者指出了意识形态与科学意识的区别，这对于认识意识形态的政治性质，

① 〔波兰〕M. 杜勃罗西尔斯基，姜其煌:《科学·意识形态·世界观》,《国外社会科学》1985 年第 3 期。

② 肖前主编:《马克思主义哲学原理》上册，中国人民大学出版社 1994 年版，第 369 页。

具有重要的理论价值。

第二，意识形态是一种信念或者信仰体系。

关于什么是意识形态这个问题，在学术界还有一种比较有代表性的观点，即把意识形态作为一种信念、信仰来看待。美国学者布鲁斯·拉西特和哈维斯塔尔从意识形态范畴的形成过程中研究意识形态的内涵，认为意识形态是“一套连贯且成系统的信念”，而在这个意义上，意识形态大体上与“信仰体系”这个范畴是相同的。所谓“信仰体系是由一系列意象组成的，这些意象构成了一个完整的个人世界。它们包罗万象，既有过去、现在的看法，又有对将来可能性的期望，以及‘应该具有的’价值取向”[①]。在这里，他们把意识形态与信仰的因素联系起来，为我们提供另一个角度来思考究竟什么是意识形态，这是个很有价值的思想。如果把意识形态看作一种信仰，那么，宗教应该可以被认为是一种意识形态。

有的学者认为意识形态指特定人群所共有的特定的社会意识、特定的价值信仰和态度或者人们对其社会的共同反映，这种观点表明意识形态是某一社会群体的思想、信仰和价值观。但是，由于社会中存在着众多的利益群体，并且他们之间的利益冲突是很难彻底调解的，所以，社会中各种不同的意识形态之间常常是相互冲突的。很显然，这是作为思想、信仰和价值观的意识形态必然造成的社会后果。

美国政治学家米·罗斯金等认为，一种意识形态源自这样一种信念，即事物能够比现在的状态更好；它实质上是一个改造社会的计划。正如安东尼·唐斯所言，意识形态是“一种有关美好社会的文字幻象，一种建构此种社会的信仰形式”。特定意识形态的追随者认为，如果他们的计划得到实施，情况将比现在要好得多。因此，意识形态

---

① 〔美〕布鲁斯·拉西特、哈维斯塔尔著，王玉珍等译:《世界政治》，华夏出版社2001年版，第241页。

与政治科学不同，它不是努力以平和的、理性的态度来解释政治系统，而是承诺要改变政治系统（古典保守主义似乎是个例外，它力图使系统不致转变得太快）。被政治意识形态感染的人，即使成为政治学家，也是拙劣的，因为他们不能分辨出意识形态的应该（should）、应然（ought）与政治科学的实然（is）。[①]意识形态的这个理论特征，恰恰反映了它的鲜明政治特点。

在对意识形态的研究中，我们更加深刻地认识到，意识形态实际上是一套思想和信仰系统，人们据此去观察世界并采取行动。它是人们认识世界的方便工具，同时也是行动的方便准则，是使人们团结起来的认同基础。归根到底，意识形态是人们的一种行动的准则，它作为人们的共同思想信仰，使共同体的成员能够具有统一的意志，因而能够采取一致的行动，这样更加有利于达到确定的共同目标。

第三，意识形态是一种实践性明显的社会哲学或政治哲学范畴。

西方学术界比较有权威性的《简明大不列颠百科全书》，在对“意识形态”下定义时认为，它是“社会哲学或政治哲学的一种形式。其中实践的因素与理论的因素具有同等重要的地位；它是一种观念体系，旨在解释世界并改造世界”。“从广义上说，意识形态可以表示任何一种注重实践的理论，或者根据一种观念系统从事政治的企图。”如果“从狭义上说，意识形态有五个特点：1. 它包括一种关于人类经验和外部世界的解释性的综合理论；2. 它以概括、抽象的措辞提出一种社会政治组织的纲领；3. 它认定实现这个纲领需要斗争；4. 它不仅要说服，而且要吸收忠实的信徒，还要求人们承担义务；5. 它面向广大群众，但往往对知识分子授予特殊的领导任务。据此五个特点，就可以知道意识形态的体系是多种多样的，例如，法国哲学家孔德的实证

① 〔美〕迈克尔·罗斯金等著，林震等译：《政治科学》（第 6 版），华夏出版社 2001 年版，第 104 页。

主义、共产主义，和其他的各派社会主义、法西斯主义、纳粹主义和各种国家主义，所有这些主义，都是19世纪和20世纪的产物”[①]。这里明确地指出意识形态是一种实践性明显的社会哲学或政治哲学范畴。

还有的学者明确地把意识形态看作社会哲学或者政治哲学的范畴。加拿大学者霍金森在其著作中写道：“意识形态是思想和信念的准哲学体系，它们为世人确定意义”，同时，意识形态这个概念“也包括所有可以构成各种特定文化的宗教哲学和政治哲学”，如纳粹主义、浪漫主义、理性主义等。他还进一步指出，意识形态与科学观念、公理、原理不同，一旦这些理论具有了意识形态性质时，它就获得了一种字尾带“主义”（——ism）的抽象意义。[②]比如，有的学者认为，意识形态是具有符号意义的信仰和观点的表达形式，它以表现、解释和评价现实世界的方法来形成、动员、指导、组织和证明一定的行为模式或方式，并否定其他一些行为模式或方式。[③]这就从另一个角度揭示了意识形态作为社会哲学或者政治哲学的范畴的本质特征。

第四，意识形态往往表明了一种乌托邦式的理想。

关于这个问题，卡尔·曼海姆在《意识形态与乌托邦》一书中有过深刻的论述。乌托邦这个概念的含义是什么呢？曼海姆指出：“‘乌托邦’这一概念反映了政治斗争中相反的发现，即某些受压迫的群体在理智上如此强烈地对摧毁和改变特定的社会条件感兴趣，以至于他们自觉地在局势中仅仅看到那些倾向于否定它的因素。他们的思维没有能力正确地判断现存的社会条件，他们全然不关心真实存在的东西；确切地说，他们已在思维中寻求改变存在的局势。他们的思想从来都不是对局势的判断，它只是被指导行动。在乌托邦的思想中，被

---

① 《简明不列颠百科全书》第9卷，中国大百科全书出版社1986年版，第101—102页。

② 〔加拿大〕克里斯托弗·霍金森著，刘林平等译：《领导哲学》，云南人民出版社1987年版，第9页。

③ 《布莱克维尔政治学百科全书》，中国政法大学出版社1992年版，第368页。

怀着愿望的想象和行动的愿望所引导的集体无意识，掩盖了现实的某些方面。它无视一切可能动摇其信念或麻痹其改变事物的愿望的东西。”[1]在这里，曼海姆把意识形态的乌托邦特点，进行了深刻的论述，使我们能够比较清楚地看到，意识形态就是现代政治斗争中政治家们为了激励一定的群体、反驳论敌的一种理论武器，而这种理论武器具有乌托邦性质的内容。

一部分学者认为，对一些人来说，意识形态只不过是对他们的理想的一种追求。在这个意义上，信奉意识形态经常意味着信奉某种自己认为是美好的理想，如绝对平等、人人富裕、消灭暴力、消灭战争、世界政府等。几乎所有的意识形态实际上都有自己的美好理想，如果这种性质十分突出，那么这种意识形态就变成了一种乌托邦。当然，对于一些人来说，乌托邦就是空想的意思，因此，许多人把所谓“意识形态分子”称为空想家。

由于这样的理解，在一些人看来，意识形态常有欺骗、歪曲、虚假的意思，是一种不符合客观现实的主观的和相对主义的观念。如人们说某个人不务实，有偏见，就可以在这个意义上说他是“意识形态分子”。但是，对于提倡务实、不受教条主义束缚的那些人，很可能认为这样的人的意识形态观念不强，因而比较现实，等等。

第五，意识形态是一种批判性的社会观念。

有的学者认为，在社会的政治生活中，意识形态的产生是一种社会批判的产物，而它的存在和发展是通过对不同的观念的批判，同时也包括对自身的批判而实现的。所以，意识形态是一种批判性的社会观念。

在政治思想的发展中，我们会经常发现，许多信念在经受社会批

---

① 〔德〕卡尔·曼海姆著，黎鸣等译：《意识形态与乌托邦》，商务印书馆 2000 年版，第 41—42 页。

判之后，就为其他信念所替代。社会批判通过辩论和说服的办法向现有的信念挑战，并试图改变它们。对社会政治信念进行批判性的和理性的考察，在意识形态的兴衰中起着重要的作用。奴隶制、世袭君主制、官僚集权制、法西斯制度以及许多过时的社会政治制度，都因为新的意识形态的挑战而遭到了人们的唾弃。而新的社会政治制度，如民主制、参与制、市场制度等，由于新的意识形态的鼓吹、宣传而受到人们的青睐。所以，大多数意识形态形式都是社会批判的产物。

在社会的批判性认识过程中，人们从外部世界获得许多信息，把他们观察和认识世界所得出的一系列概念，用特定的意识形态概念加以整理。在批判的认识过程中，从不同的意识形态出发，人们从外部世界获得的看法和知识是不一样的。由于意识形态不同，人们对同样一个事实的解释可能截然不同。对具有不同意识形态信仰的人来说，同样一个外部世界的意义是不一样的，如神秘主义者闭眼不看外部世界，科学主义者对外部世界兴致勃勃。同样是政府干预市场，新自由主义者认为是合理的、正当的，古典自由主义者则认为是不可容忍的。清醒地保持着一种不同的认识，这正是作为社会批判性意识的意识形态的突出特点。

我国学术界吸取了关于意识形态内涵研究成果中的合理因素，并对“意识形态”范畴的内涵进行了综合研究，也提出了不少有价值的见解。

那么，如何给“意识形态”范畴下一个比较准确的定义呢？简单而言，意识形态也就是思想体系（英文 ideology 和俄文 ицеология 都可译为“思想体系”），是一定社会集团或阶级的思想体系。具体而言，意识形态作为社会思想上层建筑，是一定社会或一定社会阶级、集团基于自身根本利益对现存社会关系自觉反映而形成的思想体系，这种思想体系是由一定的政治、法律、哲学、道德、艺术、宗教等社会学说、观念、信仰等所构成的，并成为一定社会阶级或集团的政治纲领、行为准则、价值取向、社会理想的思想依据。意识形态是个政治哲学范畴，也可以说是个社会哲学范畴。

从这个定义中可以看出，意识形态是一种价值观，因为，价值观也是人生观、世界观，它是人的意义世界。所以，不同的人有不同的价值观。

作为意识形态的价值观的复杂性在于：价值判断的主观性和客观性并存，导致了一些人在价值观上的双重性，因此，在某些情况下，就可能出现意识形态上的那种“虚假的自我”！

从这里也可以看出，对一个概念或范畴下定义，是一种重要的研究方法，但不是唯一的研究方法，因为任何定义都是有一定局限性的；而且，仅仅从定义中来理解某一概念的意义，也往往会因各种原因而发生歧义。在变革时代中的意识形态问题研究上，这一点反映得尤为突出。因为，不同人对这一概念的本质的理解，对其中各种要素之间关系的理解，等等，都会有不同观点。这当然是正常的现象。问题的关键在于我们应当在最大限度上摆脱唯心主义、形而上学的束缚，坚持实践理性的观点，从客观实际出发，在现实的社会变革实践中，对究竟什么是意识形态有一个正确的认识。

第二讲　意识形态的本质

在前面一讲中，考察意识形态范畴形成的历史，主要是对意识形态范畴内涵的研究。同时，也阐述了关于意识形态的本质的一些观点，虽然不够全面，但是这里关于意识形态的本质的一些思想，却是相当深刻的。意识形态的内涵和本质的问题，实际上就是“什么是意识形态”和“意识形态是什么”这两个问题，而这两个问题是相互联系的。这就是说，我们在谈到意识形态内涵的时候，必然涉及意识形态的本质问题，反之亦然。因此，我们在对意识形态内涵的研究基础上，应当进一步深入地研究意识形态的本质问题。

在上述对意识形态的内涵的研究中，实际上已经涉及了对意识形态的本质的认识，目前，国内外学术界对此形成了一些大体上的共同认识。首先，前面的研究已经指出，意识形态与科学理论（特别是自然科学理论）是不同的，严格地说，意识形态本身不是科学，不是科学理论。所以，在意识形态的理论研究或者实践运用中，不能把意识形态原理作为公式、公理来对待，必须克服任何一种形式的教条主义思想作风。

其次，虽然意识形态是哲学、社会科学研究的对象，而且在人类政治生活中，意识形态作为一种认知体系，类似于哲学或者社会政治理论，但是它与一般的哲学社会科学理论本身也是有区别的。这是因为，意识形态除了一般社会科学理论体系所具有的认知特点之外，还有强烈的利益性、明确的价值倾向性和实践目的性等特点。由于这些特点，意识形态就具有了现实的政治目标，因而与政治运动、阶级党派或者社会集团的政治实践紧密地联系在一起了。正是在这方面，我们在对意识形态的研究和实际运用上，不能简单地套用一般哲学社会科学理论的方法论。

根据长期以来学术界关于意识形态理论的研究成果，结合我们在现实生活中对意识形态现象的考察，关于意识形态的本质，可以做如下几个理论概括。

一、现实政治的根本利益：意识形态的灵魂

任何一种严肃的意识形态都有着鲜明的、突出的政治性质，也就是说，一般的意识形态是特定社会集团的一种政治意识。因为，一定的意识形态形式，总是要以这样或那样的方式反映某个社会阶级或集团的现实政治利益，于是成为社会政治集团集体行动的思想依据，使人们参与社会政治性集体行动具有了合法性。因此，在阶级社会中，或者在有阶级的社会中，意识形态就会具有鲜明的阶级性，而正是在这个意义上，我们说意识形态与科学理论是不同的。同样道理，我们也可以说意识形态是一种政治理论。或者说，一般的意识形态都具有强烈而且明确的政治倾向性。这个事实本身说明，现实政治的根本利益是意识形态的灵魂。

我们已经说过，意识形态是通过社会的或者阶级的政治利益的棱镜反映社会关系的一种形式。那么，这样的反映形式的实质内容是什么呢？这就是通过他们的愿望、需要、目标等观念形式所体现的现实政治利益。这样，任何一种严肃的意识形态形式，都会具有明确的政治倾向性。当然，意识形态的这种政治倾向性，并不是简单的个人好恶，而是反映社会或者阶级、集团根本利益的政治倾向性。这是因

为，作为意识形态的灵魂的现实利益，不是简单的直接的具体物质、文化需要，而是通过特定社会关系所反映出的基本政治要求。所以，一个社会集团、社会阶级的实际意识形态水平，反映了它对自身根本政治利益的认识程度，也会较为明确地反映出它究竟是否能够把自己的根本政治利益与其他社会集团根本政治利益区别开来的那种理论思维能力。正是由于这个原因，那些成功的意识形态，都是以社会阶级、集团的共同根本政治利益为基础的，所以，意识形态能够比较明确地反映出这些社会阶级、集团成员的政治自觉性程度。

意识形态所反映出的这种政治自觉性，表明人们已经清楚地认识到，他们所维护的并不是单纯个人的具体特殊利益，而是具有普遍性、全局性的根本政治利益；同时，他们也认识到，这样的根本政治利益不可能孤立地存在着，必须与目前的社会关系联系在一起，并且要体现在特定的社会政治制度之中。这就是说，任何一种现实的意识形态，都是与特定的社会政治制度相依存的。所以，在现代社会中，任何一种重要的意识形态，都要以维护巩固某种现存社会制度，或者说以推翻某种现存社会制度为宗旨。

这就决定了一定的社会制度必然要努力维护自己的意识形态的统治地位，而竭力肃清那些异己的意识形态。政治生活的实践证明，根本政治利益的决定性作用，使那些成功的意识形态表现出一种明确而强烈的实践目的性。这就是说，意识形态是以理论的形态表明了人们从事某种政治活动的企图，反映出他们为实现自己政治目标的明确信念。意识形态的这个本质特征，在现实政治生活中获得了充分的反映。在现代世界上，每一个社会集团或者政党，都在以不同的方式向社会公众传播和灌输自己的意识形态，同时又用各种手段来反驳或者肃清敌对性质意识形态的影响。换句话说，每个社会集团都要采取各种手段来扩大自己意识形态的影响，使之被更多的社会公众所接受。

在我国当今社会中，为了巩固社会主义的政治制度，无产阶级政党在批判各种错误意识形态的同时，必须努力向广大群众宣传马克思主义的意识形态。目的是什么？实质上就是为了使人民群众摆脱旧的意识形态的束缚，明确认识到自己的根本社会政治利益，为社会主义建设而努力。在当前的社会主义改革开放事业中，我们的意识形态工作的宗旨，就是确立和强化马克思主义在意识形态领域中的主导地位，认清改革开放事业与自己根本利益的密切关系，增强建设社会主义的自觉性，坚持社会主义方向，共同努力为推进改革开放事业而贡献自己的力量。

二、政治权力：意识形态的现实基础

意识形态反映的是一定社会集团人们的根本政治利益，而政治利益的集中表现形式的实质就是政治权力的牢固掌握和正确运行。所以，正在运行的现实政治权力，是意识形态的现实基础。意识形态的传播和灌输，一旦失去了现实政治权力的支持，就会显得软弱无力。这就是说，现实的政治权力不但是意识形态的基础，而且是它的本质内容。可见，政治权力与意识形态之间有着本质的关系，所以，关于什么是政治权力、政治权力的实体是什么这一类问题的深入研究，有助于我们深刻认识意识形态的本质。

从国内外的政治发展来看，政治权力的实体是一定社会中的阶级、阶层、集团、团体等的代表，这其中，作为一定阶级政治代表的政党，是典型的政治权力实体。在现代民主政治体制下，政党在政治家的领导下，通过不同的政治斗争方式取得政权，组建政府。执政党提出自己的方针、政策、纲领，指导国家的活动，从而使国家活动具有了政治权力性质。可见，政治权力是社会对国家的一种政治领导权，它反映了社会对国家的制约能力，因而也是政治民主发展水平的标志。

作为政治学范畴，什么是政治权力？政治权力的实质是什么？在马克思主义创始人的著作中，通常是把政治权力与阶级斗争、阶级统治联系在一起，如马克思在其早期著作中曾经指出："在我们面前有两种权力：一种是财产权力，也就是所有者的权力，另一种是政治权力，即国家的权力。""在资产阶级已经夺得政治权力的国家里，政治统治已成为资产阶级对整个社会的统治，而不是个别资产者对自己的工人的统治。"[①] 对此，马克思恩格斯还说过："在阶级反对阶级的斗争中，斗争的直接目的是政治权力，统治阶级保卫自己的最高政治权力，也就是说保卫它在立法机关中的可靠的多数；被统治阶级首先争取一部分政治权力，然后争取全部政治权力，以便能按照他们自己的利益和需要去改变现行法律。"[②] 可以看出，在马克思恩格斯看来，政治权力的发展会上升为一种国家权力，到了一定历史阶段，政治权力就是一种国家权力。在马克思主义政治哲学看来，国家是一种意识形态力量，而这种力量的实质，就是政治权力。

如果认真考察意识形态的生存、发展和作用，会发现一个重要特点，这就是它总是与一定的政治权力密切联系着，大多数的意识形态不但是以一定的政治权力为现实基础，而且还往往会受到某种政治权力的支持和保护。现代社会的意识形态的这种实质，说明它们都是为一定的政治权力服务并得到这种政治权力支持的政治思想体系。比如说，在现代民族主义的国家中，民族主义的意识形态与民族国家的政治权力是相互依存的，也就是说，民族主义的意识形态是民族国家存在和发展的思想理论依据；同样道理，现代议会民主政治的一套理论体系，则是当代西方三权分立权力结构的思想理论依据。社会主义民

---

① 《马克思恩格斯选集》第 1 卷，人民出版社 1972 年版，第 170 页。
② 《马克思恩格斯全集》第 19 卷，人民出版社 1963 年版，第 284 页。

主政治理论，则奠定了社会主义国家政权体系的理论基础。正是在这个意义上，我们可以说，意识形态是一种政治化和权力化了的思想理论体系，所以，在现代社会中，那些没有任何权力作为支柱的意识形态，是很难有立足之地的。

在理论上，意识形态与政治权力之间的关系很密切，甚至可以说是互为条件的；但是，在现实的政治生活中，它们毕竟是有区别的，各自都有单独的存在价值和发展规律。所以，在实际的社会生活中，又不能把它们混为一谈。实践证明，认识到这个问题的重要性，具有重要的方法论价值。在这方面一个关键问题是，我们的马克思主义意识形态研究和宣传工作，不能躺在政治权力的身上，靠政治权力的威慑，来实现自己的社会功能，同样地，也不能靠政治权力的威力，去压制不同的意识形态的存在和发展。否则，就会形成一种意识形态的权力垄断局面。历史经验告诉我们，这样的不正常状态，是很难长久支持下去的。这是因为，意识形态的社会价值和功能发挥，归根到底要靠它本身的理论正确性和思想深刻性。所以，我们的马克思主义意识形态理论工作，必须把功夫下在对实践经验的认真总结上，下在创造性的理论研究上，多在奠定深厚的学术基础上下功夫。

三、意识形态的社会自我意识本质

在现实的形态上，一般的意识形态都表现为一种系统的理论观点、学说体系，这说明，意识形态是一定社会集团的思想家对社会关系的自觉反映形式。这就是说，意识形态是对社会阶级、社会集团自身的地位和根本利益的一种自我意识。或者是说，意识形态是他们对自身根本利益、历史任务等的一种主观反映形式。在这一点上，意识形态与社会心理等自发的社会意识形式，有着本质区别，这就在于意识形态是一种理论形态的社会自我意识形式。

对此，我们对意识形态的本质必须具有这样的认识，即它并不是自发产生的，而是由一定社会、阶级的理论家，基于对现实社会关系、对本阶级的根本利益的深刻认识，自觉创立的思想体系，是一种系统的理论概括形式。作为社会自我意识的意识形态，标志着思想理论家对共同体根本利益特别是政治利益认识的水平，反映了共同体成员的政治觉悟程度。也就是说，意识形态的社会自我意识状况，实质上是一个阶级或者社会集团政治自觉性的一种表现形式。

在现实的社会政治生活中，大多数的意识形态总是与某种特定的价值体系密切联系着，同时，这种意识形态也是一种特定的价值判断标准，因而，现实的意识形态是一种理想化的社会价值观念体系。所以，在肯定的意义上，意识形态反映了人们对美好未来社会的希望，对高尚的政治价值观的追求，因而也是社会对政治行为所认同的道德评价准则。这里需要注意的问题是，作为一种社会价值观念体系，究竟是现实的理论体系，还是“虚假的意识”，这要取决于政治实体对社会政治关系反映的真实程度。在这个意义上，我们可以说，意识形态是社会阶级或集团的一种自我意识。

应该承认，无论是在资产阶级革命中，还是在无产阶级革命中，任何阶级、社会集团的意识形态，都是杰出思想家创立的。所以，在意识形态工作中，必须明确反对以朴素阶级意识为基础的自发论倾向。但是，绝不能以此为根据，把意识形态归结为个别优秀人物个人智慧的创造。这就是说，作为社会自我意识形式的意识形态，它的形成主体不能归结于个别人物，而是社会阶级、集团这样的集体的理论创造。也就是说，意识形态这样的社会自我意识的主体，本质上不是个人，而是社会性的主体。这一点，我们可以从作为社会结构体系组成部分的意识形态的性质中看出来，这就是说，意识形态是社会的上层建筑，它反映的是理论形态的社会自我意识形式。

这里还应该充分明确的一个问题，是要把意识形态作为自觉的社会自我意识形式与社会心理等区别开来，要深刻认识到作为自觉的社会自我意识形式的意识形态，它是一种以理性认识为基础的理论体系。因此，意识形态具有理论上的系统性和逻辑性，它是一种高层次的理论思维能力。还需要进一步强调的是，必须认识到在意识形态中，理性认识因素始终占有主导地位，这就使意识形态区别于那些以感性认识为主导的低层次信仰体系，诸如原始的、朴素的宗教意识（而不是宗教理论）。因此，从肯定的意义上说，以理性认识为基础的意识形态这样的社会自我意识形式，是科学理论研究的对象，是哲学认识的对象，而不是信仰的对象。正因为如此，我们一贯主张，必须把马克思主义作为科学研究的对象，而反对把马克思主义偶像化，作为崇拜的对象。这里，还应该明确地指出，对那些非马克思主义的意识形态，我们同样也要以科学的严肃态度来对待，而绝不能对它们抱有不切实际的神秘念头。

四、思想性：意识形态的本质特征

在研究社会生活不同领域里反映不同现象本质的基本范畴时，我们还应该注意到，其中的一个特殊的范畴——思想。什么是思想？思想是一个哲学范畴，它是作为主体的人的自由创造成果，是人的实践经验的总结，是对世界、社会、人生的本质的认识结晶。思想是在概念的层次上反映客观事物的本质和规律，所以，思想是对世界、社会、人生的本质的抽象概括而形成的范畴，如人性、灵魂、价值、信仰、自由、人权等，具有社会性和政治性。因此，一般的思想范畴都不同程度地具有意识形态性质。

作为自觉的政治意识形式，意识形态由于能够在理论思维水平反映一定的社会关系，固而具有了其他一些意识形式所没有的本质特征，从而显示出理论上的深刻性，即显示出思想性。不同的意识形态之间本质区别的重要标志，就是它们本身所具有的不同的思想性。资本主义意识形态与社会主义意识形态之间的根本区别，就在于它们分别表现出了两种根本不同的思想原则。不同的意识形态之间的斗争，最深刻的内容是它们之间的思想斗争。

作为人类整个认识过程中的一个特殊组成部分，意识形态是对最复杂、最易变的社会精神现象的认识成果，因此，它能够以宏观概括的形式，准确地把握社会精神现象的本质和基本规律，为社会公众的政治学行为提供出明确的思想依据，从而成为一种指导实践的思想。一般来说，这样的思想性是由意识形态表现出来的。所以，我们研究意识形态问题，主要的任务之一就是努力揭示出它蕴含的深刻思想内容。

意识形态的思想性，是以一定的哲学世界观为基础，反映意识形态社会主体的原则立场，标志着他们在意识形态上的成熟程度，并且规定着该意识形态的本质和发展规律，即意识形态的理性特征。必须指出的是，现代西方社会的某些思想家，为了某种政治需要，竭力贬低意识形态的思想性本质，给他们的意识形态涂上了非理性主义色彩，这是意识形态研究中的一种反科学思潮。思想是意识形态的生命线，没有了思想性的意识形态，实际上已经不能称其为意识形态。以马克思主义为指导的社会主义意识形态，其生命力就在于它是具有深刻思想性的意识形态，因此，它才能成为社会主义社会的思想旗帜。

在意识形态本质问题的研究中，还应该认识到，思想不仅具有社会性质，具有政治性质，而且也具有明确的意识形态性质。在一定意义上可以说，思想本身就是一种意识形态，因为在现实社会生活中，人们所表达出来的各种思想观念，都显示出不同的意识形态倾向。所以，我们通过人们的意识形态倾向，可以比较明确地判断出他们的思想的性质，比如，可以看出其思想究竟是属于“左”的，还是属于“右”的，或者是介于“左”和“右”之间的。实践证明，通过人们的思想状况，来研究社会的意识形态问题，这对于有效地进行思想政治教育，是有特殊意义的。因为，这能够克服思想政治教育中那种空泛的、缺乏具体目的性的说教方式的弊端。

五、意识形态本质的内在二重性

作为一种理论体系，意识形态与狭义的科学理论体系的最大区别，就是它是通过社会集团的、阶级的利益（包括目的、需求、期望等）的棱镜，对社会现实关系反映而形成的理论形态。这样，在意识形态的形成过程中，各种主观因素在不同条件的作用下，使它具有了与科学理论不同的一些复杂性质。意识形态理论的这种复杂特点，集中表现为它的本质的内在二重性。

任何一种意识形态都具有强烈的实践性质，而这种实践性因素是包含在其理论体系之中的。这就是说，意识形态的实践要求，是以系统的理论形式表现出来的。因此，在意识形态体系中，实践因素与理论因素是并存的，并且是互为条件的。这就意味着，没有所谓纯粹理论性的意识形态。这就决定了，任何一种意识形态在社会的运用过程中，都要求理论与实践的密切结合。也就是说，毫无实践内容的理论，完全与实践相脱离的理论，即那种纯粹演绎的理论，不能称为意识形态。实际上，意识形态自身中实践性因素与理论性因素并存的这种二重性，是意识形态区别于其他社会意识形式的一个本质特征，也是意识形态的一个优点，因为意识形态能够把人们的实践活动与理论活动有机结合起来，克服理论脱离实际的教条主义思想作风。

意识形态是一定社会、阶级、集团中那些具有理论思维能力的思想家、理论家自觉创造的，这就必然使意识形态理论体系反映出一定的个性特征。虽然我们不能把意识形态归结为某些人的个人创造，因为在本质上它是社会群体的社会意识结晶。但是，那些成功的意识形态，作为阶级、社会集团的集体意识，又无不打上思想家个人创造的烙印。任何阶级的意识形态，都必然是整个阶级思想家的个人意识与阶级意识相结合的产物。这样，那些有生命力的意识形态，就能够充分体现出其个性与共性的有机统一。认识到意识形态自身的这种二重性，就是要求我们始终以具体的历史的态度去对待意识形态，既不要把它看作先知者的圣谕，也不要把它看作神秘的教条。充分认识意识形态本身内在的这种特殊的二重性，有利于克服我们把意识形态问题看作神秘主义和教条主义的思想弊端。

在阶级社会或者有阶级的社会中，意识形态总是特定阶级根本利益的理论表现形式。这就是说，在现代社会中，阶级性是意识形态的突出本质特征；在当代世界中，没有超阶级的意识形态，无论是资产阶级的意识形态还是无产阶级的意识形态，都是如此。但是，任何一种意识形态，作为一种思想成果，它必然会在一定程度上反映出社会进步的客观要求，反映出人类文明发展的客观规律。这样，在阶级性的意识形态中，必然不同程度地包含着全社会的、全人类的意识因素。这就是说，既没有超阶级的意识形态，也没有超人类的意识形态。这样，阶级性的因素与全人类的因素，就会并存于同一种意识形态之中。作为资产阶级意识形态的人道主义，是资产阶级革命时代提出的反对封建主义的阶级性要求，但是，同时也在一定程度上反映了当时其他阶级群众的共同愿望。同样地，在社会主义意识形态中，其本质内容是无产阶级自觉的阶级意识，但是，同时也是人类彻底解放客观要求的理论表达形式。所以，在社会主义意识形态中，无产阶级的阶级性和全人类性是统一的。充分认识到意识形态本身的这种二重性，有利于克服我们在意识形态问题上思想僵化的毛病。

作为人类思想发展过程中的一种高级思维形式，意识形态充分表现出了人的认识的主观能动性特征。意识形态中认识这种能动性的主观因素，使它在一定条件下表现出某种特别的随意性。用黑格尔的话说，叫作一种“理性的狡猾”，或者叫作“理性的机巧”[①]。于是，某些特殊的情况下，由于意识形态主体的一些特殊需求，就会以歪曲的甚至不真实的形式来反映自身的特殊利益，这样，意识形态本身就会出现某种虚假的思想因素。这就是马克思恩格斯把意识形态称为一种“虚假意识”的主要原因。

实践证明，意识形态中有虚假因素，有时虚假因素甚至可能占有主要地位，这个时候，我们就应该特别注意，对意识形态的真实性进行认真分析，不要以虚假为真实，否则，我们就可能产生一种有害的意识形态幻想，对实践造成不应有的损失。时刻注意防止虚假意识形态的有害影响，这是我们在意识形态工作中，应该高度重视的问题。

当然我们还应该如实地看到，在大多数的意识形态体系内，都可能存在着虚假的意识因素，即使我们认为正确的意识形态——马克思主义的意识形态中，往往也会存在着主观性的虚假因素，所以，对马克思主义意识形态的正确性，我们也不应该持绝对化的态度，而应该学会从实际出发，进行实事求是的分析。但是，自己的认识也不能走向另一个极端，认为所有的意识形态都是不可信的。这就是说，那些严肃的意识形态，尽管存在着虚假的因素，但是，虚假因素不可能是唯一的因素，而马克思主义的意识形态内，一般情况下，虚假因素也不会占有主要地位。所以，对马克思主义意识形态的真理性，我们应该具有基本的信任态度，否则，就可能陷入意识形态的虚无主义之中。

这里需要特别指出的是，对马克思主义的意识形态，包括社会主义和共产主义这一类的理念，我们也不能以形而上学的态度对待，同样要进行分析和批判的研究。如果我们实事求是地研究，就可以看出，即使如马克思主义、社会主义、共产主义这样的意识形态，在某

---

① 〔德〕黑格尔著，贺麟译:《小逻辑》，商务印书馆 1960 年版，第 396 页。

些历史条件下，其内部也会出现二重性。应该明确承认的是，作为马克思主义意识形态的科学社会主义理论体系，它其中固有的因素是科学的，否则，就不能称为科学的意识形态。但是，这个学说在其发展中，由于一些特殊历史条件的限制，某些思想家、理论家认识上的局限性，有的时候就可能把那些虚假的社会利益作为真实的东西，加入科学社会主义的思想体系中，这样，就会使本来是真实学说体系具有了虚假的因素。如果没有注意到这个问题，而把这样的理论作为指导思想，就有可能产生某种意识形态空想，再加上由此而产生的教条主义，从而使我们走向错误的道路。在国际共产主义的历史上，这样的教训并非罕见的。

上述研究说明，意识形态的本质，是一个比较复杂的理论问题。因为，意识形态作为一种哲学——社会科学的基本理论形式，它对事物的本质的反映，不可能赤裸裸地展现在人们的面前，必须借各种具体的社会政治形式表现出来。我们已经说过，意识形态在本质上是一种社会范畴，也是一种政治范畴。所以，它必然以社会生活各个领域中那些反映不同现象本质的基本范畴体现出来；同样地，它也会以政治生活各个领域中那些反映不同现象本质的基本范畴体现出来。理论研究的实践证明，认真考察各个不同生活领域中那些反映不同现象本质的基本范畴及其相互关系，可以对意识形态的本质有一个更加深刻的认识，也必然使我们对社会精神生活中各种现象的认识更加深刻。

第三讲 意识形态的社会功能

由于意识形态本身的特殊重要性和极端复杂性，因此，意识形态的社会功能，也必然会表现出复杂性的特点。在现实的社会生活中，意识形态的社会功能往往表现出多重性的特点。对意识形态社会功能的研究，必须坚持马克思主义哲学的科学思想方法论，克服各种唯心主义和形而上学的思想方法。

在这里，我们主要是研究那些成功的意识形态的肯定的积极的功能问题。所谓成功的意识形态，是指代表进步阶级或社会集团的利益，并且能够基本上正确反映社会发展的客观规律的意识形态。这样的意识形态如果被正确运用，就会发挥积极的肯定的作用；同时，我们也必须注意到意识形态在本质上的多重性，就是要注意到那些反映落后的社会基础的意识形态在现实中所产生的消极社会作用。也就是说，我们应该全面地认识意识形态的社会功能问题。

一、意识形态的基本社会功能

在谈到意识形态的社会功能问题时，首先必须弄清楚意识形态社会功能的基本性质问题。这个问题是唯物史观的基本原理所揭示的，即社会的经济基础对作为社会的思想上层建筑的意识形态，具有决定性作用；同时，社会的上层建筑（包括意识形态）对社会的经济基础有能动的反作用。马克思主义哲学的这个基本原理，是我们科学认识意识形态社会功能的理论基础。

意识形态的社会功能的实质是什么呢？这就是那些企图实现自己的政治理想的阶级或者社会集团，使自己的追求具有一种至高无上的、最大的普遍性政治象征，在这方面，意识形态则能够充分显示出这种社会特征。在现实的社会生活中，意识形态通过自己的不同的表现形式，发挥出它的特殊社会功能。根据国内外学术界的研究，在总结政治实践经验的基础上，我们可以概括出，在社会政治生活的不同领域中，意识形态的社会功能或者社会作用主要表现为以下几个方面。

（一）社会共同体政治合法性的依据功能

在现代社会中，意识形态的功能主要表现在阶级、社会集团、政党、国家等社会共同体的政治需要的实现过程中。政治发展的实践证明，任何一种社会共同体，为了达到自己的政治目标，必须使自己的政治行为，取得广泛的社会认同，得到普遍的政治支持，这就是所谓政治合法性问题的实质。

政治文明的发展表明，特别是现代政治的发展实践，越来越深刻地揭示了这样一个政治哲学真理：任何一个政治共同体，单纯靠暴力，是不可能长久维持下去的；相反地，它的政治统治必须建立在社会大多数人某种形式的接受和肯定的基础上。为此，就必须使自己的政治举措、制度、主张等，具有政治上、法律上、思想理论上等的合法性。事实证明，政治权力运行的合法性，是一种具有权威性质的精神力量。

那么，这样的合法性的依据是什么呢？一般来说，成功的意识形态就是一定社会阶级或政治集团的政治行为的“合法性”的依据。这是因为，这样的意识形态能够为政治集团采取特定的政治行动提供政治理论上合理性的理由。因为，在现实的政治生活中，任何社会阶级或政治团体在采取集体行动的时候都不是盲目的、无意识的，而是受特定的意识形态指导的。也就是说，对其团体成员来说，意识形态能够为其政治行为提供合法性依据，这样的意识形态可以使他们相信自己的集团所采取的政治行动是符合正义的，是合理的、符合道德原则的。政治行动不是毫无道理的，具有合法性、合理性，就可以争取社会的同情，甚至是认同和支持。这样的意识形态，对反对敌对政治势力是一种有力的思想武器。正如学术界有些学者指出的，在现实的政治生活中，对统治形式的最起码的自愿服从成分和对统治合法性的信仰，实质上也是对意识形态的认同与信仰。这里所说的信仰是表明人们服从某种政治统治的理论体系或意识形态。

在近代史上，资产阶级在反封建专制主义的革命中建立了资本主义制度，资产阶级思想家、政治家们总是竭力用人权理论、人道主义、自由主义等意识形态理论，来论证其资本主义制度的合法性。应该承认，这样的意识形态“合法性”的外衣，对于资本主义国家的长期稳定发展，是一个不可忽视的政治因素。当然，从另一个方面说，这样的意识形态的“合法性”，对于资本主义制度的反抗者，也起了一定的麻痹作用。所以，运用充分的科学根据，揭露资本主义制度的本质，剥去其所谓“合法性”的意识形态外衣，也是马克思主义意识形态工作者的一个重要任务。

马克思主义的意识形态工作，理所当然地要有力地论证和宣传社会主义制度的优越性，为社会主义社会的发展和改革提供科学根据，使社会主义的国家权力及其运行具有合法性的权威；同时，也要以科学社会主义理论，有力地驳斥对社会主义制度的污蔑以维护社会主义制度的声誉。事实证明，这对于社会主义制度的稳定发展，充分发挥社会主义制度的优越性，是十分重要的。

（二）意识形态的政治凝聚和思想旗帜功能

西方马克思主义理论家安东尼奥·葛兰西在谈到意识形态的社会作用时，把它称为一种“水泥”。他对此解释说，一个政党要争取意识形态的“领导权”，就要使自己成为一个社会历史集团，成为一种社会统一体。这样，政党为保持整个社会集团的思想政治的统一，必须使意识形态能够起一种“团结统一的水泥作用”①。很显然，这里所说的“水泥作用”，是指那些有着保持一定社会阶级或政治集团的团结和稳定作用的，所显示出的思想凝聚的力量。从这个意义上我们可以说，在政党的政治活动中，意识形态是一种促进团结统一的“社会水泥”。

当然，意识形态本身的复杂性使它的这种“社会水泥”作用也会变得复杂起来。应该承认一个历史事实，落后的、反动的意识形态，对于相应的社会集团起过消极作用；先进的阶级、社会集团的先进的意识形态自然是起着积极性的作用，也就是说，意识形态的那种“团结统一的水泥作用”是在肯定意义上说的。很显然，意识形态之所以能够具有思想凝聚作用——“团结统一的水泥”作用，实际上是说明，它能够给人们指出明确的政治方向，充分发挥政治指引的作用。就此，我们可以把意识形态称为一种“思想旗帜”。实践证明，意识形态所发挥的“社会水泥”的凝聚与“思想旗帜”的引导这两个作用，在统一的社会政治过程中，是互相联系和互为条件的，从根本上说，这是由于这两者具有本质上的一致性决定的。

在我国的社会主义革命和社会主义建设的每一个时期，中国共产党所提出的那些积极的、鼓舞人心的革命口号，明确指出了人民群众前进的政治方向，成为人民群众团结奋斗的思想旗帜。意识形态之所以具有思想旗帜的政治指引作用，这是因为，意识形态是一定的社会阶级或政治集团，是在其政治实践过程中形成的，这样的意识形态的核心功能，是实现该集团的政治利益。因此，在确定政治集团的利

① 转引自〔希腊〕尼克斯·波朗查斯著，叶林等译：《政治权力与社会阶级》，中国社会科学出版社1982年版，第213页。

益、保护和增进政治集团的利益方面，那些成功的意识形态有着强大的号召力量和团结力量。

社会主义发展过程中的经验教训说明，即使是成功的意识形态的“社会水泥”与“思想旗帜”，其作用也仅是一种主观的精神力量，仅是思想上层建筑对经济基础的反作用不是根本的社会基础作用。所以，要实事求是，从实际出发，恰如其分地进行思想宣传工作，不能把意识形态作用绝对化，否则，在现实的实践中很可能会适得其反。

（三）意识形态的社会价值导向功能

在一定意义上可以说，意识形态是一种社会的价值体系，因此，意识形态的社会功能，往往会通过它作为价值体系的作用而表现出来，这就是意识形态的社会价值导向功能。

什么是价值？通常认为，在政治学、哲学和社会学中，价值是一种关系范畴。有一种观点认为，作为哲学的价值“这个概念所肯定的内容，是指客体的存在、作用以及它们的变化对于一定主体需要及其发展的某种适合、接近或一致”[①]。这其中的实质内容，则是人们之间的社会利益关系，它确定人们社会活动的实际意义，因而就成为人们行为的社会评价标准。在这一点上，意识形态也是如此，在肯定的意义上说，意识形态本身就是一种社会价值体系，实质上就是为人们的行为确定一种价值目标。这样，一定的意识形态，便成为该社会集团或者某个政治共同体成员活动的一种价值导向。

意识形态之所以具有社会共同体成员行为价值导向的功能，根本的原因是它反映了该共同体成员的共同利益，这样，成功的意识形态，就能够为该共同体成员规定共同的价值目标，使该共同体成员的行为和意志趋向一致。因此，那些成功的意识形态的这种共同价值导向功能，将会使共同体成员意志统一、行动统一、团结一致，从而能

---

① 李德顺:《价值论》，中国人民大学出版社 1987 年版，第 13 页。

够更加有效地实现自己的政治目的。

意识形态之所以能够发挥出特殊的价值导向功能，是因为意识形态本身包含着一种超越性的思想因素，这就是人们的社会理想。从一定意义上说，理想作为意识形态的价值因素，是因为它是一种在观念中升华了的利益目标——价值目标的实质。可见，意识形态作为一种社会理想，是在以社会发展的利益的基础上，为人们的社会活动确定价值方向的。马克思主义的意识形态，其核心内容是以对社会发展规律的科学分析为基础，指出了人类社会发展的更高目标——共产主义社会。就此而言，马克思主义的意识形态，指明了社会的发展方向，因而构成了人们前进的正确价值目标。

当然，任何一种价值导向，都不可能是一成不变的，作为社会主义社会人们价值目标的意识形态，也必然在实践中不断地更新，水平也在不断地提高。这样，马克思主义意识形态才能在人们的政治进程中，继续提供充满活力的价值目标，成为一种肯定性的精神力量。

（四）意识形态的政治动员功能

政治文明发展的实践证明，那些成功的意识形态，由于能够比较集中地反映一定社会政治集团的根本利益，因此，能够促使该政治集团的大多数成员采取集体行动。这说明，成功的意识形态对于一定阶级或政治集团的成员，有强烈的政治动员功能。例如，法国大革命时期，资产阶级革命家所提出的自由、平等、博爱之类的反封建专制主义的口号，俄国十月革命时期布尔什维克提出的“一切政权归苏维埃”的口号，中国新民主主义革命时期中国共产党提出的“推翻三座大山”的口号，中国社会主义建设时期中国共产党提出的“向科学进军”“实现四个现代化”的口号，等等，所起的积极革命的作用，就是意识形态政治动员功能的生动例子。

那么，意识形态政治动员功能的实质是什么呢？政治生活的实践证明，这种政治动员功能的主要表现为意识形态能够激发一定阶级或集团所有成员的政治信心和行动热情。所以，意识形态的这种政治动员功能的实质，是能够最大限度地调动群众的政治积极性，充分发挥他们的主观能动作用。这其中起作用的重要精神因素是，这样的意识形态能够通过强调长远利益和崇高价值目标，使其大多数成员能够为了长远利益而自愿牺牲暂时利益，为了整体利益而自愿牺牲个人利益。因为，在现实的政治斗争中，要达到一定的政治目标，总是要付出代价的。可想而知，在极端的情况下，需要政治集团成员牺牲自己的一切个人利益，如果没有这样的意识形态的教育和培养，向群众灌输为了阶级和集团的长远利益而奋斗的牺牲精神，这是很难做到的。在一般情况下，意识形态的这种动员功能是由少数政治上的先进分子来实现的，这是由于他们的根本利益与本阶级或本集团的根本利益紧密联系，同时也是由于他们的政治认识能力和知识水平比一般群众高，这使他们在更高的认识程度上形成了坚定的政治意志。我们可以把他们政治上的这种坚定品质，称为意识形态的自觉性。正是因为先进分子具有比较高的政治素养，才能充分发挥出意识形态的思想凝聚和政治导向作用。

（五）意识形态的政治行为规范功能

由于政治意识形态实际上反映了该阶级或集团与其成员根本利益之间的一致性，所以，成功的意识形态能够起到协调个人与其所属政治集团之间的关系的作用，因而，这样的意识形态也能对个人或较小集团的政治行为起到规范的作用。实践证明，成功的意识形态的这种协调和规范作用，有利于克服集团性政治行动的障碍，从而降低整体行为的政治成本。

在这方面，一个有力的说明，就是经济史学家道格拉斯·诺斯所论证的重要理论观点，即政治意识形态能够约束政治集团的“搭便车”行为。根据他的理论，我们可以推论出：在集体性质的政治行动中，由于个体的成本与收益是不对称的，集体行动的结果表现为一种公益物品，积极行动的人不见得能够得到全部行动成果，而不积极参加行动的人也往往能够分享部分集体行动的果实。在社会政治运动中"搭便车"现象由于种种原因经常存在，在一定限度之内，它不会对政治集体行动产生严重影响，或者影响很小；但在一定限度之外，它势必对政治集体行动产生严重的影响，甚至使得政治集体行动变得不可能。曼瑟尔·奥尔森的集体行动理论就证明了这一点。但是在诺斯看来，成功的意识形态，可以在一定程度上克服集体行动的这种障碍。[①] 这就是它的政治行为规范功能的价值。

与此相应的观点，是认为意识形态可能是一种强有力的政治控制工具。比如，当社会忧患交加时，当社会四分五裂时，当整个经济形势恶化时，当外敌入侵时，当人们面临一些迫切需要解决的难题时，等等，人们都愿意听到一些如何扭转局势、摆脱困境的主张和保证。在这个时候，一些政治领导人或者政客，就会在社会中四处活动，传播其种种主张，进行意识形态宣传，为那些走投无路的人指出方向。

当然，意识形态的这种特殊功能，有的时候会反映得比较复杂，甚至会出现一些极端的情况。有的学者在其研究中曾经指出，意识形态是政治集团参与政治的行为准则，它要求政治集团采取一致行动，要求人们组织起来、行动起来。如民族主义意识形态要求人们行动起来，共同抵抗外来侵略。法西斯主义要求人们行动起来，消灭异己分子，进行种族大屠杀，进行侵略扩张，等等。

据此，一些学者在总结意识形态的行为规范功能问题时指出，意识形态实际上是一套思想和信仰系统，人们据此去观察世界，并据此采取行动。它是人们认识世界的方便工具，同时也是行动的方便准

---

① 参见道格栏斯·诺斯:《经济史上的结构与变迁》，商务印书馆 1992 年版；曼瑟尔·奥尔森著，吕应中译:《国家兴衰探源》，商务印书馆 1993 年版。

则，是使人们团结起来的认同基础。这就是说，意识形态是人们的行动准则，它由社会集团成员的共同思想构成，使这些人在采取一致行动时产生影响作用，从而使人们为了达到确定的目标，而采取一致行动。这就是意识形态行为规范功能的实质。

（六）意识形态对社会心理的升华和定向功能

在社会的意识形式体系中，除了思想、意识形态之外，社会心理在对人们的精神影响中，也具有举足轻重的作用。一般来说，社会心理是由人们所生活的社会环境的直接作用，而形成的社会情绪、社会感情、社会风俗以及习惯、传统等的总和。社会心理与思想、意识形态等，也是一定的社会共同体所固有的精神基础。这就是说，无论是在社会实践中，还是在理论中，社会心理的特殊功能都是不可低估的。须知，虽然都是社会意识形式，但是，社会心理与意识形态不同，它不是稳定的、不是系统的观念构成物。在社会心理这个复杂的、多层次的意识形式中，虽然也有某种理性因素，但是，非理性的感情因素往往起决定作用。很显然，与意识形态相比，社会心理属于低层次的社会意识形式。所以，对社会心理的作用的实质及其与意识形态的关系问题，我们必须认真研究。

长期以来，各国的学术界从各个方面，对社会心理的问题进行过深入的研究，取得了具有重要价值的理论成果。在一些哲学或者心理学著作中，我们可以发现这样一些思想观点，即认为，社会心理是某个社会里介于经济关系、政治制度和思想意识形态之间的一种中间环节，并且意识形态往往是社会心理的一种思想结晶，是社会心理现象的一种思想沉淀。所以，要真正了解一个社会的思想体系，就必须细致地研究该社会的社会心理问题，重视社会心理的特殊社会作用。

在社会实践中，作为社会心理基本要素的传统习惯，有的时候是一种积极的精神力量，有的时候可能成为一种消极的精神力量。诚如列宁所说的，千百万人的习惯势力是一种很可怕的力量。在社会变革的关键时刻，“人心向背”往往会具有决定性的作用。比如，某种社会改革举措，一旦超过了社会上大多数人的心理承受能力，破坏了社会的心理平衡，就会难以继续下去，甚至遭到失败。可见，无论从哪一个方向来说，社会心理的作用都不能低估。

但是，同时也应该看到，由于社会心理本身的复杂性、不稳定性，而且常常成为多向的自发的精神力量，所以，为了使社会能够正常发展，就应该对各种社会心理的自发因素进行自觉的调节和正确引导，以确定其正确的作用方向。意识形态对社会心理的发展的定向功能，就具有重要意义。当然，意识形态对社会心理的定向，由于意识形态本身的不同性质，会有积极和消极的不同。

在当代世界的意识形态斗争中，各种不同的意识形态都在试图对各种社会群体的社会心理施加自己的影响，即进行所谓的“心理战”，所以，当今世界的意识形态领域中充满了矛盾和斗争。我们对此的唯一正确斗争方式，就是以马克思主义的意识形态，去揭破资本主义“心理战”的意识形态伪装，防止一般群众受错误意识形态的蒙蔽。

在当代中国的社会主义改革开放过程中，常常遇到的问题就是逆向社会心理的障碍。为此，就需要运用马克思主义意识形态，以灌输、引导的方式，改变社会心理的不正确作用方向，使社会公众的社会心理状况与改革开放的方向一致起来。这是消除逆向社会心理障碍，形成积极的社会心理趋向，使社会主义改革开放顺利进行的一个重要保障。

与思想、意识形态等社会意识形式相比，社会心理是一种低层次的、幼稚的、自发的社会意识形式，这就必然使它的作用受到局限。所以，有一个不断地提高社会心理的社会意识水平的问题。我们可以把这个过程称为社会心理的“升华”。这里所谓“升华”，主要是把社会心理的自发认识提高到自觉认识水平，从感性认识水平提高到理性认识水平，把社会心理作用的盲目性提高到具有明确的目的性，等等。这里所说的“升华”的实质，就是要把人们的思想从社会心理的水平，提高到意识形态的水平上去。进一步说，社会心理“升华”的核心，就是使马克思主义意识形态成为公众社会心理的思想基础。

二、科学地认识意识形态的功能

对于马克思主义的科学意识形态理论来说，阐述它的社会功能的哲学基础，是唯物史观的基本原理，即是说，任何一种意识形态，归根到底都是一定社会经济基础的反映形式，即社会的观念上层建筑。意识形态这种观念的上层建筑，对产生它的社会经济基础，具有能动的反作用。轻视或者否定意识形态的这种反作用，是不对的；但是，如果把这一反作用加以形而上学绝对化，就会走向历史唯心主义的幻想之中。

当年马克思恩格斯在《德意志意识形态》一书中批判青年黑格尔派哲学的时候，就曾经深刻地阐述过这个思想。他们指出，青年黑格尔派是一些唯心主义哲学的幻想家，在他们看来，只要教会人们去摆脱那些虚假的意识形态的束缚，反抗那些思想统治，从头脑里批判和抛弃那些幻想，就能够使当前的现实崩溃。马克思恩格斯写道，这些愚蠢的观念恰恰是“这些天真的幼稚的空想构成现代青年黑格尔派哲学的核心”①。马克思恩格斯对青年黑格尔派关于意识形态社会功能唯心主义观点的批判，在当代社会的思想界仍然具有现实意义。这主要反映在一部分理论工作者那种意识形态崇拜的问题中，在他们看来，只要有了正确的意识形态导向，什么问题都能毫不费力地顺利解决。但是，实践证明，这实际上是一种有害的意识形态幻想。

当然，在涉及应该如何正确对待意识形态的特殊社会功能问题

① 《马克思恩格斯全集》第3卷，人民出版社1961年版，第15页。

时，一些人常常又会走向另一个思想极端，这集中反映为一种所谓“意识形态恐惧症”。比如，在现实生活中，一提起意识形态，有些人感到这是个敏感的问题，表现得极为谨慎，生怕因为谈到意识形态问题而犯什么错误，所以，不少人尽可能三缄其口，甚至噤若寒蝉。为什么会出现这样的不正常现象呢？对整个社会来说，这当然有着特殊的历史原因和现实原因，其中一个重要原因是由于我们在“文化大革命”前的一个时期里，在这个问题上有过很严重的历史失误；但是，对许多人而言，产生这样的问题的根本原因，是由于形而上学思维方法和历史唯心主义观点，他们不能科学地认识意识形态的社会功能问题。所以，需要解决的一个重要思想方法问题，是充分认识意识形态问题的极端复杂性，克服在意识形态功能问题上各种极端性观点，这其中，主要是克服形而上学和唯心史观的思想方法。

在这个问题上，我们面对的一个尖锐课题，就是如何正确对待消极性质的意识形态的负面作用的问题。与马克思主义意识形态并存的，还有各种各样性质的意识形态，还有一些冒充的所谓“马克思主义意识形态”，它们都在对现实社会施加影响，因此，必须充分认识到现实社会中意识形态功能的极端复杂性。这其中更加需要认真注意的，是那些陈旧的、过了时的意识形态在政治实践中具有的消极作用。由于意识形态具有社会意识所特有的相对独立性，所以，在那些过时了的经济基础已经消失了之后，与它相适应的陈旧的意识形态，并不是马上就随之而消失了，而且这样的意识形态还会产生一定的社会作用。不言而喻，这种社会作用是消极的，有时会是一种破坏性的作用。意识形态这种消极的否定性的作用，很显然与上面所说的肯定性的、积极的作用是相反的。这种意识形态现象告诉我们，在意识形态领域，我们也必须有革新精神，要不断地发展新的、先进的意识形态，不懈地批判和清除旧的过时的意识形态。

在当代社会究竟奉行什么样的意识形态，对不同的意识形态持什么样的方针，这是事关全局的国家战略大问题；而每个人究竟怎样对待各种不同的意识形态，则是他的一个重要政治态度问题。在这个问题上，人们究竟应该做出什么样的选择，这能够反映出他的意识形态理论的实际水平；而这样的选择是否正确，则取决于他们如何正确认识意识形态功能在社会政治生活中的重要性和复杂性的问题。

社会主义的改革开放，是关系到我们国家和民族命运的事业，受到了国内外各个方面的关注，因此，在如何对待改革开放的各种问题上，特别是在改革开放的方向、指导思想等问题上，从一开始，就存在着各种分歧。关于改革开放指导思想的不同观点，实质是意识形态的分歧。随着改革开放的深入发展，意识形态的分歧也日益突出，所以，加强意识形态工作，具有重要的意义。当然，我们不能重复20世纪50年代至70年代在意识形态领域中的历史失误。我们既要充分认识到意识形态问题的极端重要性，又必须看到意识形态问题的特殊复杂性，从而科学地认识意识形态的社会功能问题。

经验教训说明，我们在对待意识形态的社会功能问题上，有一个改造思想方法的艰巨任务，就是要抛弃“文化大革命”时期那种极左的思维方式，克服对待意识形态问题上各种各样的幼稚浅薄思想。这里的一个关键，是坚持辩证唯物主义和历史唯物主义的观点和方法，科学地分析和正确处理意识形态问题的复杂社会效应。

对这个问题错误认识的一种表现形式，就是意识形态无用论。这在一些人思想的表现里，就是极为轻视意识形态的社会功能，认为无论是什么样的意识形态都是一种乌托邦式的口号，什么“社会主义”“资本主义”“马克思主义”，不过是政治家的一种招牌，对一般人没有什么实际用处，也就是说说而已。在这方面的一种极端表现，就是甚至有一些高喊意识形态口号的人，实际上内心却根本不相信自己喊的这一套。实践证明，这种意识形态无用论是一种错误观点，因为在某种政治思潮的干扰下，这些人很可能误入歧途，甚至成为别有用心的政客的政治牺牲品。

对意识形态功能错误认识的另一个极端，就是意识形态万能论。这在一些人思想的表现里，就是对意识形态的功能无限夸大，以致形成一种奇怪的意识形态崇拜的现象，在中国当代史上，意识形态崇拜的一个极端例子，就是把基于专制意识的礼仪、仪式看得无比重要，如中国“文化大革命”时期的所谓“表忠心”“誓死捍卫毛主席的革命路线”等，这种由意识形态崇拜而演化成为个人崇拜，而狂热的个人崇拜，则成为引发“文化大革命”灾难的一个直接原因。另一个历史性的例子，就是在改革开放初期，有些人动不动就挑起所谓“姓资姓社”的争论，在他们看来，最神圣的事情不是事业本身，而是那些只具有象征意义的意识形态标志。可以看出，这样的意识形态争论，是本末倒置，扰乱了人心。

在对待意识形态的本质和功能的认识上，出现的这些误区以及由此而产生的各种教训，其中的一个根源就是我们对意识形态本质和功能的认识缺乏坚实深厚的学术理论基础。所以，在意识形态性质的宣传上，往往表现得比较简单化，而思想理论上的浅薄则是它的深层次原因。实践证明，我们在对待意识形态的问题上，应该尽多一点唯物主义，少一点唯心主义；尽多一点辩证法，少一点形而上学；同时，要少一点权力意识，多一点科学意识，这样，我们才能更加科学地全面地认识意识形态的本质和功能。

在社会主义发展的一些历史阶段上，由于我们在意识形态的研究和实践中，没有正确运用马克思主义哲学基本原理，或者是对马克思主义哲学基本原理的教条主义理解，所以，出现了在对待意识形态功能问题上的一些极端性的理解，从而出现了一些荒唐的学术理论现象。对此，我们应该认真总结经验教训，把意识形态的理论研究和实践，真正纳入马克思主义的轨道中来。

意识形态本身在性质和特征上的极端复杂性，使它的社会作用也表现出了极端复杂的特点。也就是说，在现实的政治生活中，意识形态的作用既有积极的、肯定的方面，也有消极的、否定的方面。而且，意识形态的这两种截然不同性质的作用，往往是交织在一起的。所以，对意识形态的功能或作用问题的认识，也就表现出了各种各样的观点。政治生活的大量经验教训说明，在对意识形态的功能或作用问题上，如果不能有正确的、科学的态度，就很可能在实践中造成各种不同程度的失误。

那些一味强调意识形态的积极肯定作用的政治家，由于在意识形态问题上的片面性观点，他们在一定的政治条件下，有时会变成狂热的“意识形态分子”，表现出一副极端“革命”的样子。许多教训说明，在这种情况下，他们所狂热鼓吹的意识形态口号，实际上是一种“虚假的意识”。而这种虚假的意识形态口号，一旦运用到政治实践中，往往会造成不同程度的损失。

对意识形态作用或功能问题上持另外一种极端态度的人认为，任何一种意识形态都是虚假的、骗人的，甚至认为一旦实施，必须给人类社会带来灾难。这种情况是不是有呢？当然是有过的。但是，我们绝不能由此而把意识形态的作用都作这样绝对化、片面的概括。事实上，任何一种意识形态都有着内在的两重性，它们的作用或功能也必然会反映出其两重性。

中国当代意识形态建设的经验教训说明，在意识形态研究的过程中，努力奠定坚实的马克思主义学术理论基础，这是一个不能回避的重要课题。那么，解决这个问题的出路何在？这就是在意识形态问题的研究中，切实坚持辩证唯物主义和历史唯物主义的基本原理，具体来说，关键就是正确运用马克思主义哲学方法论。

第四讲　坚持马克思主义在意识形态领域中的指导地位

当代中国特色社会主义事业的顺利发展，是由许多经济、政治、文化因素决定的，这其中的一个重要因素，就是我们能够在整个事业中坚持以马克思主义为指导；这其中的一个重要方面，就是坚持马克思主义在意识形态领域中的指导地位。为此，需要解决一些理论问题：首先，马克思主义为什么能够成为一种指导思想？这个问题的实质，就是如何正确认识马克思主义意识形态的本质特征。其次，究竟应该如何理解“以马克思主义为指导”的问题。最后，在一些重要思想理论领域中，应该如何切实实现“以马克思主义为指导”的问题。

一、马克思主义意识形态的本质特征

马克思主义的意识形态理论，是马克思主义哲学历史唯物主义的一个有机组成部分，并且是以唯物史观为基础的。所以，唯物史观的基本原理决定了马克思主义意识形态理论的本质特征。我们已经说过，意识形态与狭义的科学理论是不同的，对于马克思主义的意识形态概念也是如此。这就是说，马克思主义的意识形态理论不仅仅是以唯物史观为基础的，它应该坚持运用马克思主义哲学的方法论。这样，我们才能全面地认识马克思主义意识形态理论的本质特征，从而正确地认识和坚持马克思主义在意识形态领域中的指导地位。

（一）马克思主义意识形态的辩证唯物主义认识论基础

在研究意识形态本质问题的过程中，前文谈到对马克思的意识形态概念的实质的理解问题时，曾经述及这样一种观点：在马克思恩格斯的著作中，意识形态概念实质上就是一种“虚假的意识”。实际上，这是马克思和恩格斯对作为资产阶级唯心主义理论体系的意识形态的实质的揭露，而不是指一般的意识形态概念的实质。那么，解决这个问题的关键何在呢？就是要在对意识形态实质问题的认识上，坚持辩证唯物主义认识论，克服唯心主义的观念论，把意识形态研究建立在彻底的唯物主义哲学基础上。

在对意识形态本质的理解上，坚持辩证唯物主义的认识论原则，最基本的哲学要求，就是必须承认客观存在是第一性的，主观意识是第二性的，存在决定意识，意识是存在的反映，而不是相反。与社会意识的一般形式一样，意识形态也是由对社会物质生活过程的反映而形成的社会精神生活过程的一种形式。这就是说，社会存在是第一性的、决定性的因素，意识形态是第二性的、被决定的因素。这也是所有意识形态的共同本质，包括所谓“虚假的意识”也是如此。

但是，在主观主义的社会学家或唯心主义的哲学家看来，意识形态不是骗人的空话，就是毫无根据的幻想，或者严肃一点说，是人们纯粹理性的产物。有人说，意识形态没有什么科学认识可言，它是人的信仰领域。德国哲学家黑格尔曾经这样说过，在他看来，意识形态的特殊作用，表现的是人的理性的狡猾。大部分唯心主义者则把意识形态说成只是人们的思维的产物，它的形成只是一种纯粹的思想过程。这样，任何意识形态都完全成为没有客观根据的东西了。这是一种唯心主义的观念论，是对意识形态本质的唯心主义曲解。因为没有一种意识形态不是客观存在的反映。

对这一点，那些肯定意义上的意识形态类型，是容易理解的，如马克思主义意识形态，当然是客观的社会关系的反映，是社会发展客观规律的体现。但是，那些“虚假的意识”，即意识形态偏见、意识幻想，也是社会存在的反映吗？当然是的，只是它们是对现实社会关系的歪曲反映、颠倒反映罢了。但这毕竟也是对客观社会关系的一种反映。所以，我们对任何意识形态，无论是肯定意义上的还是否定意义上的，都要进行唯物主义的分析，克服唯心主义观念论的影响。

学术研究的实践经验告诉我们，理论上的唯心主义观念论，往往是比较容易识别和克服的，但是在社会实际生活中的这种弊病，则是难于识别和克服的。在某些当权者的政治活动中，他们硬是把自己所信奉的意识形态看成有决定意义的东西，这实质上是唯意志论的一种表现形式。马克思说过，理论一旦掌握了群众就可以变成巨大的物质力量。这说的是意识形态的能动作用。但是，唯意论者却把意识形态看成物质力量本身，甚至看成物质力量的源泉。“政治可以决定一切”，实质上就是对意识形态做这种绝对唯心主义理解的反映。克服政治活动中对意识形态的唯心主义理解，是一项有重要意义的事情。所以，在意识形态的理论研究和宣传工作中，必须切实贯彻马克思主义哲学辩证唯物主义认识论的基本原则，使马克思主义意识形态真正成为科学的理论体系。

中国社会主义改革开放不但引起了社会生活各个领域的深刻变化，同时，也在思想理论方面产生了巨大而深刻的影响，这就是经过拨乱反正和真理标准大讨论所形成的马克思主义思想路线，这是辩证唯物主义哲学思想发展的一个新阶段。所以，在当代中国坚持意识形态的辩证唯物主义认识论基础，最重要的就是认真贯彻马克思主义思想路线，即坚持实事求是，从实际出发，理论联系实际，把社会实践作为检验真理的唯一标准。实践证明，如果不能切实贯彻马克思主义思想路线，我们的意识形态研究和宣传工作就可能偏离哲学唯物主义原则，走向邪路。在这样的情况下，就谈不上什么马克思主义在意识形态领域中的指导地位了。

（二）马克思主义意识形态的唯物辩证法基础

在各种各样的非科学的意识形态概念中，几乎都有着对意识形态的形而上学的偏见。作为一种思维方式，形而上学的典型表现是观察问题的绝对化、极端化和片面性。有这种思维方式影响的人，对待意识形态中的矛盾问题，常常是“在绝对不能相容的对立中思维着”。对意识形态这一复杂精神现象的本质，这种形而上学的认识方法，便表现为，或者是对它的绝对否定的贬义理解，或者是神化了的绝对肯定性理解。这两种理解，恰恰反映了对意识形态本质的看法的两个极端。有些人，包括一部分相当著名的哲学家、政治学家，对“意识形态”似乎是有一种天生的反感，他们几乎把政治生活中的一切坏名词都加到了“意识形态”的头上。同时他们又像当年的拿破仑一样，把意识形态工作者（“意识形态学家”）看作灾星一样的人物。似乎是他们用自己的“意识形态欺骗”，把人心搞乱了。长期以来，从事理论教育、思想宣传等工作的人，受人鄙视，就是这种现象的反映。在一些哲学著作中，把意识形态简单地看作反科学的，那么，他们的理论立场便是形而上学的所谓“反意识形态”。很显然，把意识形态一般地与科学对立起来，这实际上是一种极端看法，因而也是有害的看法。其恶果之一，就是导致人们对那些形式本来是科学的意识形态形式，也会产生狭隘的不信任感。实践证明，在意识形态问题上，形而上学的偏见，比无知离真理更远。

但是，在现实的思想领域中，还有与此相反的另一个极端，就是把意识形态与科学等同起来，把意识形态与狭义的科学原理、公理等看作同类的东西。这在政治实践中，则往往表现为公式主义。把马克思主义当作公式、教条，到处套用，便是这种形而上学极端病的恶果，它的影响所及往往造成灾难性的历史悲剧。这在我国当代史上是有过惨痛教训的。在这方面，一个典型的表现形式就是在意识形态问题上的“左”倾教条主义的危害。

马克思主义哲学的辩证法思维与形而上学思维的一个本质区别，就在于它是一种彻底的发展观点。对此，马克思说过：“辩证法，在其合理形态上，引起资产阶级及其夸夸其谈的代言人的恼怒和恐怖，因为辩证法在对现存事物的肯定的理解中同时包含着对现存事物的否定的理解，即对现存事物的必然灭亡的理解；辩证法对每一种既成的形式都是从不断地运动中，因而也是从它的暂时性方面去理解；辩证法不崇拜任何东西，按其本质来说，它是批判的和革命的。”①这就是说，在辩证法看来，任何一种意识形态，都必须看作历史的发展的精神现象，它们没有什么神圣的性质，也没有什么绝对的性质，也就是说，没有什么一成不变的意识形态形式。这对于克服在意识形态问题的僵化思想，具有重要的方法论价值。所以，应当切实克服形而上学的思想方法，使我们在对待意识形态的问题上，尽量少一点唯心主义，多一点唯物主义；少一点形而上学，多一点辩证法。

（三）马克思主义意识形态理论的唯物史观基础

历史唯物主义即唯物史观，是关于人类社会发展的一般规律的哲学观点。社会存在与社会意识的关系，是唯物史观的基本问题。唯物史观认为，社会存在决定社会意识，社会意识是社会存在的反映，而不是相反；同时，认为社会意识对社会存在有能动的反作用。唯物史观的这个基本原理，也是研究意识形态问题的科学方法论。从根本上说，意识形态作为社会的思想上层建筑，是属于社会意识的高级形式。但是，它也是一种社会意识，因此，它与任何一种社会意识一样，都是社会存在的反映，归根到底是由一定社会存在决定的；同时，也必须充分重视意识形态对现实社会关系的能动反作用。这就是

① 《马克思恩格斯选集》第2卷，人民出版社1995年版，第112页。

由唯物史观基本原理决定的意识形态的本质特征。

在马克思恩格斯看来，作为思想的上层建筑，不管意识形态具有多么复杂的特点，具有多么大的作用，但是，作为一种社会意识形式，它的性质、作用等，归根到底是由经济基础决定的。所以，他们指出:“我们不是从人们所说的、所设想的、所想象的东西出发，也不是从口头说的、思考出来的、设想出来的、想象出来的人出发，去理解有血有肉的人。我们的出发点是从事实际活动的人，而且从他们现实生活过程中还可以描绘出这一生活过程在意识形态上的反射和反响的发展。甚至人们头脑中的模糊幻象也是他们的可以通过经验来确认的、与物质前提相联系的物质生活过程的必然升华物。因此，道德、宗教、形而上学和其他意识形态，以及与它们相适应的意识形式便不再保留独立性的外观了。”①

明确认识到由唯物史观原理决定的意识形态的本质特征，对于我们克服在意识形态问题上的历史唯心主义影响，具有重要的思想方法论价值。所以，在意识形态问题上，必须克服历史唯心主义的理论弊病。对此，列宁曾经有过一个深刻的分析:“发现唯物主义历史观，或者更确切地说，把唯物主义贯彻和推广运用于社会现象领域，消除了以往的历史理论的两个主要缺点。第一，以往的历史理论至多只是考察了人们历史活动的思想动机，而没有研究产生这些动机的原因，没有探索社会关系体系发展的客观规律性，没有把物质生产的发展看作这些关系的根源；第二，以往的理论从来忽视居民**群众**的活动，只有历史唯物主义才第一次使我们能以自然科学的精确性去研究群众生活的社会条件以及这些条件的变更。”列宁还进一步指出，由于历史唯物主义运用物质生活条件，来解释一切思想的根源，这就排除了那些主观主义和武断态度。这样，马克思的唯物史观，就“指出了科学地

① 《马克思恩格斯选集》第1卷，人民出版社1995年版，第73页。

研究历史这一极其复杂、充满矛盾而又有规律的统一过程的途径”①。

还应该看到，唯物史观基本理论原理的一个核心问题，是人民群众在历史活动中主体地位的决定意义。很显然，马克思主义意识形态也必须认真贯彻这个重要原则，否则，意识形态将失去根本。

思想史的事实已经证明，历史唯物主义为研究意识形态提供了最科学的方法论，使我们对意识形态的本质认识得更加深刻了，这就是，作为人类社会特殊历史现象的意识形态，的确是一种“极其复杂、充满矛盾而又有规律”的思想过程。所以，在对待意识形态的问题上，特别是在发挥马克思主义在意识形态领域中的指导作用时，必须反对任何形式的主观主义，切实贯彻唯物史观的科学方法论。

二、坚持马克思主义在意识形态领域中的指导地位

以马克思主义为指导来研究意识形态问题，这是一个基本的要求，因而也是基本的研究方法论。这个问题的实质，就是要求我们在意识形态问题的研究中，包括在哲学社会科学的研究中，要始终坚持马克思主义的指导地位，自觉发挥马克思主义的指导作用。在这里，首先需要解决的一个问题是，应该如何理解“以马克思主义为指导”这个思想原则的实质；或者简单地说，究竟什么是“以马克思主义为指导”。

长期以来的社会实践和思想理论工作经验教训告诉我们，能不能始终坚持马克思主义在社会实践和思想理论工作中（特别是在意识形态领域）的指导地位，能不能自觉发挥马克思主义在理论学习和学术研究过程中的指导作用，也就是说，能不能真正以马克思主义为指导，是反映我们在思想理论建设中马克思主义水平的一个实质

① 《列宁选集》第 2 卷，人民出版社 1995 年版，第 425 页。

性标志，也是对我们实际的马克思主义理论修养水平的一个检验。这一点，对于马克思主义的意识形态理论研究和宣传工作，就更加重要了。

这里所说的坚持马克思主义的指导地位，发挥马克思主义的指导作用，实质的问题，是要求我们在思想理论方面，特别是在意识形态方面，在社会实践中，能够自觉地运用马克思主义基本原理，即用马克思主义的立场、观点、方法来思考现实问题、研究理论问题、解决实际问题。这就是以马克思主义为指导的实质。对于我们的理论工作者和实际工作者，这就是加强马克思主义理论修养的根本目的。

在社会主义改革开放的实践中，在思想理论工作中，在意识形态工作中，要想真正做到坚持以马克思主义为指导，首先就要对马克思主义有科学的认识，弄清楚究竟什么是马克思主义，简言之，要有基本的马克思主义理论修养，或者说，应当是一个真正的马克思主义者，才有资格谈以马克思主义为指导。

实践一再证明，在意识形态工作中坚持以马克思主义为指导，必须始终坚持并善于运用辩证唯物主义和历史唯物主义的世界观、方法论，其根本要求就是在研究各种思想理论问题，特别是在辨别意识形态领域中各种各样思潮流派真伪对错时，坚持从实际出发，实事求是，把社会实践作为检验真理的唯一标准，牢固树立人民是历史主体的观点。所以，要真正坚持以马克思主义为指导，就必须正确地把握马克思主义的这些基本点和精神实质。

这样，在研究和解决重大实际问题和重大理论问题的时候，特别是在研究和解决复杂的意识形态问题的时候，我们才能够自觉地坚持以马克思主义为指导，而且也必然会具有以马克思主义为指导的实际能力和水平。否则，如果缺乏基本的马克思主义理论修养，或者对马克思主义世界观、方法论一知半解，甚至似是而非，那么，坚持以马克思主义为指导，很可能成为一句空话，甚至可能会适得其反。

在坚持以马克思主义为指导，必须以科学的态度对待马克思主义的问题上，另一个根本要求，是必须反对任何一种教条主义，反对任何一种形而上学。马克思主义经典作家一再教导我们，马克思主义不是教条，而是行动的指南。这就是说，以马克思主义为指导，必须坚持理论与实际相结合，时刻注意从实际出发，而绝不能把马克思主义当成公式，到处贴标签。实践证明，在坚持以马克思主义为指导的问题上，那种教条主义和形而上学的思想作风，不但达不到目的，甚至还可能闹出许多笑话来。所以，是否能够科学地对待马克思主义，对于能不能切实坚持以马克思主义为指导，对我们的意识形态工作者来说，是一个严峻的考验。

在坚持以马克思主义为指导的问题上，一个首要的问题是，在理论研究中，特别是在意识形态工作中，坚持马克思主义的理论立场，从而使我们在各项工作中能够坚持正确的政治立场，能够沿着正确的政治方向前进。也就是说，以马克思主义为指导，首先要解决的是政治立场和政治方向问题。实践证明，在思想理论界，特别是在复杂多元的意识形态领域中，只有坚持马克思主义的指导地位，我们才能始终保证自己明确地坚持社会主义的政治方向，忠诚地贯彻为人民服务的宗旨。坚持马克思主义的指导地位，关乎我们的政治立场问题和政治方向问题，即政治上的大是大非问题。意识形态研究和宣传的实践证明，坚持马克思主义的指导地位，保证我们能够具有正确的政治方向，这无论是对于理论工作者，还是对于实际工作者，都是至关重要的。事实证明，保证政治上的正确是加强马克思主义的理论修养，坚持以马克思主义在意识形态领域中指导地位的一个思想前提。

坚持以马克思主义为指导，不但要保证政治上的正确，而且还要能够体现出运用马克思主义解决重大实际问题的水平和能力，特别重要的是，我们在运用马克思主义的实践中，要通过总结经验，创造性地发展马克思主义，把马克思主义提高到一个新的历史水平上去。应该说，这是在意识形态领域中坚持以马克思主义为指导的根本目的和实质。

长期以来的实践证明，坚持马克思主义的指导地位，发挥马克思主义的指导作用，对于我们正在进行的中国特色社会主义事业，特别是社会主义改革开放的各项工作，具有重大实践意义。因为，我们所进行的是前无古人的开创性事业，这其中经常会出现各种各样棘手的问题，而要正确解决这些问题，不但要有丰富的实践经验，而且还必须具有高超的理论洞察力。而以马克思主义为指导，就是运用马克思主义的世界观和方法论来分析问题，寻找出正确而有效地解决矛盾的途径。在解决重大实际问题和理论问题过程中表现出的分析能力，是领导者和理论工作者马克思主义理论修养水平的一个突出反映。

在社会主义改革开放的实践中，以马克思主义为指导，通过运用辩证唯物主义和历史唯物主义的世界观、方法论，在解决重大实际问题的过程中，由实践到理论，在总结经验教训的基础上，能够提炼出一些新思想、新观点，从而把马克思主义推向前进。这样，就会在解决重大实际问题的过程中，坚持马克思主义，检验马克思主义，发展马克思主义，从而使自己的马克思主义理论水平提高一步。实践证明，以创造性的精神来运用马克思主义的基本原理，在运用中发展马克思主义，这是以马克思主义为指导的特殊价值，也反映了以马克思主义为指导的精神实质。否则，把马克思主义只作为一种单纯的理论论证工具，或者说，把马克思主义“工具化”，这是对以马克思主义为指导这个重大问题的极其狭隘的理解。

目前，在哲学社会科学研究中，在解决重大理论问题的时候，特别是在日益复杂但又十分重要的意识形态工作中，强调以马克思主义为指导，也就是要坚持马克思主义的指导地位，发挥马克思主义的指导作用，这对于推进党的马克思主义理论建设，提高全党特别是领导干部的马克思主义理论水平，加速发展有中国特色社会主义的事业，是一个极为艰巨的、具有战略意义的任务。所以，切实坚持马克思主义为指导，这对于加强领导干部的理论修养来说，具有特殊重要的意义。

坚持马克思主义在意识形态领域中指导地位还有一个要求，就是在研究和解决重大理论问题、特别是意识形态问题的过程中，坚持批判地研究的精神，这是以马克思主义为指导的一个内在要求。在这个问题上，我们应该勇于并善于把马克思主义作为一种思想武器，来剖析各种各样的意识形态思潮流派，维护正确观点，批判错误观点，巩固马克思主义在整个意识形态领域中的主导地位；运用马克思主义的世界观、方法论，研究重大的思想理论问题，辨别重大理论问题上的是非，坚持马克思主义研究的正确方向；同时，这种马克思主义的批判精神，还要自觉地运用于我们理论工作者自身，这主要表现在理论研究的过程中，具有马克思主义的自我批判精神，既要敢于坚持真理，又能勇于修正错误，做一个彻底的唯物主义者，做一个胸怀坦白的马克思主义者。

三、科学地理解马克思主义的指导地位，充分发挥意识形态的特殊作用

在总结意识形态理论研究和宣传工作的经验教训时，我们得出这样一个重要结论，就是要避免历史失误，其中一个关键问题是，必须切实坚持马克思主义在意识形态领域中的指导地位。应该承认，在这个问题上，我们曾经长期停留在口号上，而没有进行深入细致的具体研究。那么，应该如何科学地理解“马克思主义在意识形态领域中的指导地位”这个问题呢？从根本上说，坚持马克思主义的指导地位，就是在我们的思想教育、理论研究、文化创造等各个方面，即整个的意识形态领域的工作中，正确地运用马克思主义的立场、观点、方

法。在当代中国，马克思主义立场、观点、方法的实质是什么呢？一般来说，就是辩证唯物主义和历史唯物主义的世界观、方法论。简要地说，就是要正确运用马克思主义的哲学方法论。那么，这个方法论的核心或者说灵魂是什么呢？这就是我们在改革开放新时期以来一再强调的，在一切工作中，都要坚持解放思想，实事求是，一切从实际出发，以实践为检验真理的唯一标准等这些马克思主义的基本原则，即马克思主义思想路线。实践证明，只有贯彻马克思主义思想路线，才能真正体现出马克思主义在意识形态领域的指导地位，并且能够充分显示出中国当代马克思主义意识形态的生命力。

（一）正确把握中国当代马克思主义的实质

我们要在意识形态领域中坚持马克思主义的指导地位，这是毋庸置疑的，必须将其切实贯彻在我们的理论研究工作中和思想宣传的实际工作中。但是，有一个理论前提，这就是在当代中国究竟什么是马克思主义、当代中国的马克思主义的实质内容是什么。如果不能正确认识这个问题，那么坚持马克思主义在意识形态领域中的指导地位是无从谈起的。

那么，当代中国的马克思主义意识形态是什么呢？一般来说，就是我们党的基本指导思想——马克思主义，在当代中国，就是中国特色社会主义理论体系。在目前，具体来说，就是党的十九大制定的党章中规定的，中国共产党以马克思列宁主义、毛泽东思想、邓小平理论、“三个代表”重要思想、科学发展观、习近平新时代中国特色社会主义思想作为自己的行动指南。

这其中，毛泽东思想，是马克思主义基本原理与中国革命的具体实践相结合的产物，它确立了中国社会主义基本制度的理论基础；邓小平理论，是中国共产党人总结新中国成立以来正反两方面经验、开辟改革开放新时期的理论探索，可以说，这是新中国成立后进行第二次革命的指导思想；“三个代表”重要思想和科学发展观，是对深化社会主义改革开放经验的进一步总结；习近平新时代中国特色社会主义思想是马克思主义中国化的最新成果。社会主义改革开放的实践证明，不同时期中形成的马克思主义中国化的这些思想成果，构成了一脉相承的、有机结合的又是与时俱进的中国特色社会主义理论体系。这就是说，中国特色社会主义理论体系是历史形成的，必然要在历史过程中不断地丰富和发展。实践证明，不断发展着的中国特色社会主义理论体系，是全党全国人民为建设有中国特色社会主义事业而奋斗的行动指南，必须长期坚持并不断发展。

（二）不断增强马克思主义的科学性，充分发挥马克思主义的指导作用

马克思主义之所以能够在意识形态领域中发挥指导作用，首先是由于它在理论上科学、正确。关于这一点，我们已经反复论证过了，这主要就是因为马克思主义是彻底的唯物主义理论，是彻底的辩证法的理论，并且是建立在唯物史观基础上的——一种具有科学性的意识形态。这就保证了马克思主义世界观、方法论的科学性。但是，一种理论的科学性本身并不是一劳永逸的，而是必须建立在其理论本身具有顽强的生命力的基础上。事实证明，一个没有持续的生命力的理论，它的社会功能，比如说它的指导作用，必然有很大的局限性。这就是说，不断地增强马克思主义的科学性，保持其理论的生命力，这样才能真正发挥马克思主义在意识形态领域中的指导作用。

怎样才能不断地增强马克思主义的科学性，保持其生命力呢？事实证明，那种脱离人民群众的、脱离社会实践的理论，不可能有什么生命力。这是因为，任何一种思想的发展，任何一种理论的进步，其源泉都在社会实践中，离开了社会实践的思想理论，都必然成为一种无源之水、无本之木。所以，任何一种理论的生命力，特别是马克思主义的生命力，归根到底来自人民群众的社会实践。

马克思在总结自己的哲学研究经验的时候，特别是在批判地研究

旧唯物主义的时候，深刻地感到，旧唯物主义的弊端，是这些哲学家不了解革命的实践批判的意义。马克思指出：“人的思维是否具有客观的真理性，这不是一个理论的问题，而是一个**实践**的问题。人应该在实践中证明自己思维的真理性，即自己思维的现实性和力量。”他还强调说：“社会生活在本质上是**实践的**。凡是把理论导致神秘主义的神秘东西，都能在人的实践中以及对这个实践的理解中得到合理的解决。”[①] 所以，马克思把他的新哲学称为“实践哲学”。

从这里我们也可以获得一个思想启发，那就是应该认识到，马克思主义是一种实践的理论，它的产生、存在、发展、发挥作用，具有持续的生命力，以及生命力的发挥等，归根到底都要靠社会实践。同样道理，马克思主义在意识形态领域的指导作用的实现，也必然是一个社会实践的过程。当然，实践是人民群众的社会实践，所以，马克思主义的指导作用，最根本的是受到人民群众的接受和认同，也就是说，马克思主义的作用和力量蕴藏在人民群众之中。所以，要真正增强马克思主义的现实作用，一个关键，就是要切实贯彻实践的原则，才能把马克思主义真正灌输到人民群众的思想深处。这样，才能真正发挥马克思主义在意识形态领域的指导作用。

（三）正确掌握马克思主义在意识形态领域中的话语权

在谈到要加强马克思主义在意识形态领域中指导地位的问题时，人们认为，一个重要途径就是要掌握马克思主义在意识形态领域中的话语权。这的确是一个重要问题，对此我们应该有正确的认识，并且切实地付诸实践。但是，话语权的实质是什么？怎样才能真正掌握马克思主义在意识形态领域中的话语权？这是需要认真研究的问题。

那么，究竟什么是话语权呢？怎样理解马克思主义在意识形态领域中话语权的实质和意义呢？一般来说，所谓话语权，就是人们在某

---

① 《马克思恩格斯选集》第1卷，人民出版社1995年版，第58、60页。

个领域中的一种发言权、表达权、解释权等。话语权是人们的思想能力的显示方式；事实说明，话语权的实现，并不完全是一种主观意志的表现，或是一种客观接受状况的反映，在实际上，现实的话语权是这两个因素有机结合的结果。那么，我们所说的马克思主义在意识形态领域中的话语权，其实质内容是什么呢？概括言之，就是人们在意识形态领域中表现出的实际的马克思主义思想能力与社会公众在客观上实际的接受状况的有机统一。

如此看来，所谓马克思主义在意识形态领域中的话语权，实质上也就是马克思主义在意识形态领域中指导地位实际实现状况的一种客观反映。或者说，马克思主义在意识形态领域中的话语权，实际上就是马克思主义在意识形态领域中指导地位的一种具体表现形式。正是因为如此，我们所说的马克思主义在意识形态领域中指导地位问题，不能停留在一种主观愿望上，它应该是主观愿望和客观效果两方面因素在社会实践中的统一。

具体说来，马克思主义在意识形态领域中究竟能不能发挥指导作用、能够在多大程度上实现自己的指导作用，这首先取决于我们所宣传的马克思主义理论的科学性、正确性、表达方式的恰当性等，即我们通常所说的这一理论的思想水平和由此而产生的思想吸引力。这就是说，如果我们的马克思主义理论水平不高或者很差，却要求有强大的思想作用，希望在意识形态领域中具有很高的指导地位，这只能是一厢情愿。也就是说，如果拿空洞的教条去糊弄群众，最后只能自取其辱。所以，要真正取得马克思主义在意识形态领域中的话语权，即要真正实现马克思主义在意识形态领域中的指导作用，必须在马克思主义理论研究上下功夫，努力提高自己的马克思主义理论水平，使其具有实际上的社会吸引力。

所以，马克思主义在意识形态领域中究竟会具有怎样的指导作用，在多大的程度实现其指导作用，最重要的事情是具有高水平的马克思主义理论，只有这样的科学理论，才会具有强大的说服力和吸引力。当然，马克思主义在意识形态领域中的指导作用，或者说马克思主义在意识形态领域中的话语权，究竟能不能实现、实现的程度如何，还要取决于社会公众的接受状况这个客观实际。有些时候，由于一些特殊的原因，理论很高明，可公众就是不接受，那也是无可奈何的事情！也就是说，决定马克思主义在意识形态领域指导地位的并不完全是主观的东西，而主要是一些客观现实的东西。所以，马克思主义在意识形态领域中究竟有没有指导地位、有什么样的指导地位，从根本上说，这不取决于我们的主观愿望，而是由各种有关的主客观因素决定的。对此，我们需要认真分析，做细致的工作，同时，把我们的主观愿望与客观实际需要在社会实践中真正统一起来。

第五讲　当代中国的意识形态改革

中华人民共和国成立以来，面对国内外急剧变化和动荡的局面，我们迎难而上，开拓进取，取得了社会主义革命和现代化建设的历史性成就。在这个历史时期中，我们走过了艰难曲折的道路，这主要是由于意识形态上的严重教训，造成了从反右派运动到"文化大革命"一系列严重错误的政治运动，使我们付出了巨大的代价。但是，中国共产党和中国人民经过了社会主义改革开放——中国的第二次革命，终于又回到了马克思主义的正确路线上来。在这个历史过程中，我们严肃而认真地总结了错误政治运动的经验教训，进行了意识形态领域的革命性改革，把马克思主义推进到了一个新的历史阶段。

一、中国当代社会发展中的意识形态的经验教训

中华人民共和国成立之后，中国共产党领导中国人民推翻了旧社会，建立新民主主义制度，并且很快就开始社会主义革命和社会主义建设。在政治制度革命的同时，进行了意识形态领域的革命，对半殖民地半封建社会留下的封建主义、资本主义的意识形态，进行了广泛的且相当彻底的扫荡，代之以马克思主义的社会主义意识形态。这是中国人民有史以来一次空前的思想解放。打破了旧意识形态枷锁又以马克思主义思想武装广大群众，精神面貌焕然一新，整个社会出现了生机勃勃的新气象。在这个历史时期，在马克思主义意识形态建设方

面，我们积累了不少可贵的经验。

但是，20世纪50年代至70年代，我们走上了一条曲折的甚至可以说是错误的道路，对于一些大的政治问题特别是意识形态问题的处理上，比如从反右派运动一直到无产阶级“文化大革命”运动，严重背离了马克思主义的正确思想路线，教训是很深刻的，值得我们认真总结，作为前车之鉴。在这一段历史时期的意识形态方面，我们应该吸取哪些重要的经验教训呢？关于这个问题，1981年党的十一届六中全会通过的《中国共产党中央委员会关于建国以来党的若干历史问题的决议》(简称《决议》)，在全面总结“文化大革命”十年的教训时，明确指出，把“无产阶级专政下继续革命的理论”作为无产阶级文化大革命的理论根据，是完全错误的。因为这个理论既不符合马克思主义的基本原理，又不符合当时的中国社会实际。《决议》指出，这个思想错误的实质，是脱离实际生活的主观主义和对马克思主义经典作家著作教条主义理解和运用的恶果。

关于“文化大革命”时期的意识形态教训，《决议》认为主要是“脱离实际生活的主观主义思想”和“把马克思、恩格斯、列宁、斯大林著作中的某些设想和论点加以误解或教条化”。“例如，认为社会主义社会在消费资料分配中通行的等量劳动相交换的平等权利，即马克思所说当代‘资产阶级权利’应该限制和批判，因而按劳分配原则和物质利益原则就应该限制和批判；认为社会主义改造基本完成以后小生产还会每日每时地大批地产生资本主义和资产阶级因而形成一系列‘左’倾的城乡经济政策和城乡阶级斗争政策；认为党内的思想分歧都是社会阶级斗争的反映因而形成频繁激烈的党内斗争，等等。这就使我们把关于阶级斗争扩大化的迷误当成保卫马克思主义的纯洁性。”①

① 中共中央党校教务部编:《十一届三中全会以来党和国家重要文献选编》，中共中央党校出版社2008年版，第95页。

可以看出，“文化大革命”在意识形态上的严重教训，集中表现在对马克思主义理论的“左”倾教条主义的错误上，而这个意识形态方面的错误，其思想根源，如果从世界观和方法论上去挖掘，则是唯心主义和形而上学，而它的表现形式就是主观唯意志论和思想僵化论。所以，认真总结20世纪50年代以来错误政治运动，特别是“文化大革命”的意识形态教训，对于我们不断地提高马克思主义理论水平，把中国特色社会主义事业推向更高历史阶段，具有极为重要的价值。

如果认真研究“文化大革命”的起源，我们还能够看出，中国共产党在1963年前后开始的反对修正主义的斗争，或者说中苏两党大论战，可以说是“文化大革命”的一个前奏。因为，要避免走苏联变成修正主义的道路，就必须进行反修、防修的斗争，这样，就要“坚持无产阶级专政下的继续革命”，根本途径就是进行无产阶级文化大革命。这是一个严重的历史教训。

这个历史教训的关键，是由中苏两党大论战所引起的意识形态争论。论战时期的意识形态教训是值得我们认真总结的。这其中，值得我们引为鉴戒的是：用教条主义的态度，把苏联哲学社会科学中一些现在看来基本上是正确的观点，或者说是可以讨论的观点，一概当作修正主义观点批判。比如，我们把“一切为了人，一切为了人的幸福”，作为修正主义口号进行批判；对苏联学术界、文学界关于人、人性、人权、人道主义等观点，统统作为资产阶级思想加以批判，等等。

当年中苏两党大论战中我们在意识形态上的主要教训是什么呢？这就是用所谓的“马克思主义”批判所谓的“修正主义”，结果走向了背离人类社会发展的共同文明道路。究其理论根源就是对待马克思主义的“左”倾教条主义和政治实用主义。结果，对究竟什么是马克思主义、什么是社会主义始终没有搞清楚，并由此产生了一系列历史性的错误。关于这一点，邓小平在1989年对戈尔巴乔夫说："经过二十多年的实践，回过头来看，双方都讲了许多空话。马克思去世以后一百多年，究竟发生了什么变化，在变化的条件下，如何认识和发展马克思主义，没有搞清楚。绝不能要求马克思为解决他去世之后上百年、几百年所产生的问题提供现成答案。列宁同样也不能承担为他去世以后五十年、一百年所产生的问题提供现成答案的任务。真正的马克思列宁主义者必须根据现在的情况，认识、继承和发展马克思列宁主义。"所以，"不以新的思想、观点去继承、发展马克思主义，不是真正的马克思主义者"[①]。

邓小平的这个论断，也是对我国20世纪50年代至70年代意识形态经验教训的一个科学总结，并且成为新时期社会主义改革开放的一个思想前奏，这就是新时期马克思主义思想路线的诞生。

二、改革开放与意识形态的变革

"文化大革命"结束后，我国开始了社会主义改革开放的新时期。而这一新时期的开端，则是党的十一届三中全会形成的马克思主义思想路线。这个思想路线的核心内容就是解放思想、实事求是、坚持检验真理的实践标准。实践已经证明，这就是我国社会主义改革开放的思想旗帜。正是在这个思想旗帜的指引下，我们闯过了一道又一道难关，取得了一个又一个胜利。前途光明远大，道路曲折艰险。实践将继续证明，中国特色社会主义事业要取得更大的成就，仍然要克服各种艰难险阻，所以，我们必须高举马克思主义思想路线——改革开放的这面思想旗帜。

伴随着改革开放而形成的伟大思想成果——马克思主义思想路

① 《邓小平文选》第3卷，人民出版社1993年版，第291、292页。

线，它的主要内容是什么呢？根据邓小平 1978 年 12 月 13 日在中共中央工作会议上的讲话精神、党的十一届三中全会公报以及后来历次党代会通过的党章中有关的表述，可以概括如下：中国共产党的马克思主义思想路线，是解放思想，理论联系实际，实事求是，一切从实际出发，坚持实践是检验真理的唯一标准，在实践中发展马克思主义。

正是由于这条马克思主义思想路线的诞生和不断地实践，开辟了中国马克思主义意识形态的新境界。这里，我们通过回顾改革开放历程中的几个重要历史事件，也可以说是改革开放初期的几个关键节点，研究一下中国社会主义改革开放过程中的马克思主义意识形态变革，以及由此产生的深刻社会影响。

（一）“拨乱反正”与“解放思想”

中国共产党在改革开放过程中形成和不断完善的马克思主义思想路线，作为科学真理比较完整的理论形态，是有一个形成、发展和不断完善的过程。这其中值得大书特书一笔的，是“文化大革命”结束后应运而生的“拨乱反正”和伴随着它而形成的“解放思想”这一宏大历史潮流在全国上下产生了极为广泛的影响，从而促进了马克思主义思想路线的生成和发展，并使这条思想路线越来越深入人心。

在“文化大革命”刚刚结束的时候，全国人民都在盼望着快一点开始进行“四个现代化”。但是，在“文化大革命”前后一个相当长的时期里，由于长期以来“左”倾错误指导思想的影响，特别是由于林彪、“四人帮”在思想理论领域里造成的极大思想混乱，所以，究竟按照什么样的指导思想去搞“四个现代化”，在人们的心目中却成了一个相当大的问题。比如，对于什么是马克思主义、毛泽东思想，什么是修正主义，什么是社会主义、什么是资本主义，以及什么是无产阶级专政，什么是走资本主义道路等重大思想政治问题，许多人头脑中存在着各种各样的糊涂观念，甚至在一些马克思主义常识性的重大理论问题上出现了是非颠倒的情况。当时，在这方面的突出反映，是“文化大革命”期间所宣传的“坚持以阶级斗争为纲”“坚持无产阶级专政下的继续革命”等仍然影响很深，而在个人崇拜和教条主义的影响下，出现了“形而上学猖獗”等思想混乱局面。这些严重地扰乱并且禁锢着人们的思想，几乎使人们在改革的道路上寸步难行。

在这种思想混乱、是非颠倒的现实情况下，如果要顺利地进行社会主义建设事业，特别是要进行改革开放，就必须进行思想理论上的“拨乱反正”。这是当时的一个迫切政治任务。这里的所谓“拨乱反正”，就是把在什么是马克思主义、什么是修正主义、什么是社会主义以及什么是资本主义等大问题上的糊涂观念搞清楚，把那些被颠倒了的思想理论是非正过来。

所以，就当时的思想理论状况来看，要“拨乱反正”，首先就必须“解放思想”，打破思想禁锢，面向活生生的现实生活，把人们的思想从各种束缚中解放出来。否则，进行改革开放和社会主义现代化建设很可能成为一种空谈。这样，作为马克思主义思想路线首要内容的解放思想，就成了当时的一个重大政治问题。那么，究竟什么是“解放思想”呢？一般来说，所谓解放思想，从当年的具体情况来看，就是把我们的思想从个人崇拜、形而上学、教条主义等各种各样的束缚中解放出来，使之更加符合客观实际。关于这个问题，邓小平的精辟论述是：“解放思想，就是使思想和实际相符合，使主观和客观相符合，就是实事求是。今后，在一切工作中要真正坚持实事求是，就必须继续解放思想。”① 他还说：“什么叫解放思想？我们讲解放思想，是指在马克思主义指导下打破习惯势力和主观偏见的束缚，研究新情况，解决新问题。”②“解放思想就是实事求是”这个论断，恰恰是马克

① 《邓小平文选》第2卷，人民出版社1994年版，第364页。
② 《邓小平文选》第2卷，人民出版社1994年版，第279页。

思主义思想路线的实质与核心内容，或者也可以说，这是改革开放思想旗帜上耀眼的亮点。

从当年的实际情况看，“拨乱反正”和“解放思想”二者存在着不可分割的逻辑关系，在本质上是一致的，并且二者互为条件。因为要进行拨乱反正，就必须解放思想；同样道理，只有真正解放了思想，才能拨乱反正。从实际的历史发展来看，“解放思想”是“拨乱反正”要求的一种必然反映。所以，在当时的情况下，更加突出、更加迫切的问题，是能不能真正解放思想。

1978 年 12 月 13 日，在中共中央工作会议闭幕会上，邓小平在题为《解放思想，实事求是，团结一致向前看》的讲话中，深刻分析道：“目前进行的关于实践是检验真理的唯一标准问题的讨论，实际上也是要不要解放思想的争论。大家认为进行这个斗争很有必要，意义很大。从争论的情况来看，越看越重要。一个党，一个国家，一个民族，如果一切从本本出发，思想僵化，迷信盛行，那它就不能前进，它的生机就停止了，就要亡党亡国。”①

邓小平的这个论断，是我们党和人民总结历史经验教训得出的真理性结论，而这个结论是付出了巨大代价换来的宝贵思想财富。我们还要看到，邓小平在总结改革初期经验的时候，还特别强调了一个重要思想，即“民主是解放思想的重要条件”。这就是说，真正要解放思想，就必须发扬社会主义民主；换言之，没有真正的社会主义民主，就不可能有真正的解放思想。什么是社会主义民主？就是要让人民群众畅所欲言，而这其中的一个关键，是“要相信绝大多数群众有判断是非的能力”。所以，“对于思想问题，无论如何不能用压服的办法，要真正实行‘双百方针’”②。应该说，邓小平的这个论断，对于

① 《邓小平文选》第 2 卷，人民出版社 1994 年版，第 143 页。

② 《邓小平文选》第 2 卷，人民出版社 1994 年版，第 144—145 页。

今天和以后的改革开放和社会主义建设事业，仍然具有重大意义。

回顾改革开放初期这段惊心动魄而又令人难忘的历史，我们会更加深刻地感到，当年的这些思想结晶，对我们今天的马克思主义理论研究工作者，也是具有重要的意义。不能说“拨乱反正”是一个长期的课题，但是，无论什么时候，要创造性地阐述新的思想理论，就不能不批判旧的过时的甚至是错误的思想理论，这样，就必须要解放思想。事实证明，理论研究工作中的解放思想是需要马克思主义理论勇气的。所以，解放思想、民主意识、理论勇气，这些是创造性的马克思主义意识形态研究的题中应有之义。

（二）真理标准讨论：改革开放的思想先声

许多人回顾起 1978 年 4 月前后一个时期，大家的那种兴奋的心情，当时人们普遍感到改革的春风扑面而来。这其中令人终生难忘的一件事，就是全国正在开展的关于真理标准问题的大讨论，这是一次曾经引起当时世人心灵震动的思想博弈。因此，它在马克思主义思想路线形成中的特殊贡献，它的深远历史影响至今仍难以衡量。关于这个讨论的具体情况，从目前的一些文献看，有不同的版本，因为主要的参加者属于不同的单位的研究者，他们在各自领域做出了不同的特殊贡献。后来的事实证明，这个真理标准的大讨论，作为一种真正的思想解放运动，就其马克思主义思想启蒙的巨大历史意义来说，它是改革开放的一个思想先声。这就是说，马克思主义意识形态的变革是社会主义改革开放的前奏。

粉碎“四人帮”之后，全国人民欢欣鼓舞，改革开放已是不可遏止的历史潮流。然而，在“文化大革命”刚刚结束时，真正的改革开放并不是轻而易举的事情，因为它面对着重重的思想阻力。这方面的一个严重事件，是“两个凡是”的出笼，即所谓“凡是毛主席做出的决策我们都坚决拥护，凡是毛主席的指示我们都始终不渝地遵循”。这无异于在满怀希望的全国人民头上泼了一盆冷水，甚至可以说又给渴望改革开放的人们的思想上加了一道“紧箍咒”！

但是，社会主义改革开放的历史潮流不可阻挡，马克思主义思想的真理是谁也无法束缚的。在邓小平明确反对“两个凡是”的鼓舞下，通过中央党校理论研究室、《光明日报》等单位一些理论工作者的艰苦工作，由时任中央党校副校长胡耀邦亲自组织、指导、审定，一篇署名“特约评论员”题为《实践是检验真理的唯一标准》的文章，于1978年5月10日刊登在中央党校内部刊物《理论动态》上，紧接着，1978年5月11日又在《光明日报》第一版发表。一石激起千层浪。《实践是检验真理的唯一标准》这篇文章立即引起全国上下的极大关注。关于真理标准的大讨论，在全国各地、各单位、各个阶层的人们中，迅速地展开了。当然，也出现紧随而来的不同层次的阻挠行动。各种反对之声，诸如“反对马克思主义”“反对毛泽东思想”“砍毛主席的旗帜”等，成为一股不可忽视的思想逆流。这是对即将到来的改革开放事业的一种阻挠。怎样才能击溃这股思想逆流呢？一个重要途径就是坚决地把真理标准的讨论进行到底，为马克思主义思想路线深入人心奠定可靠的基础。

真理标准的讨论对中国共产党和中国人民来说，是具有深远历史意义的重大事件。胡耀邦在这个历史关头起了重要的作用。1989年4月22日胡耀邦同志追悼大会上，中共中央的悼词中指出：“他按照实事求是、解放思想的精神，组织和推动了关于真理标准的讨论，为突破‘两个凡是’的严重束缚，重新确立党的马克思主义思想路线，作了理论准备。”真理标准的讨论、实事求是、解放思想，这三者是互相联系、互为条件的。通过真理标准的讨论，确立“实践是检验真理的唯一标准”的思想，这对于推动实事求是和解放思想，确立马克思主义思想路线，是不可或缺的动力。

本来，“实践是检验真理的唯一标准”这个命题，对我们，特别是对马克思主义理论工作者来说，并不是什么高深莫测的理论，因为它实际上是马克思主义哲学的一个常识性问题。对此，马克思早就明确指出过，人的思维的真理性，这不仅是一个理论的问题，而且是一个实践的问题。所以，我们应该通过实践来证明自己认识的真理性，来展现自己思维的现实性和力量。虽然如此，在“文化大革命”刚刚结束，许多人的思想仍然还被个人崇拜、形而上学和教条主义严重束缚着的时候，公开地传播“实践是检验真理的唯一标准”，具有马克思主义的思想启蒙意义。

实际的情况也的确如此。因为，在当时的那种思想状况下，要切实地开展真理标准的讨论，真正实现思想的解放，顺利地进行拨乱反正，必须冲破许多思想阻力，很显然，这是需要理论勇气的。就我接触到的几位参与组织、策划并成功地推动了这次真理标准大讨论的同志来看，他们不但全面运用了自己的思想能力和理论能力，而且也充分展示了自己的知识和智慧。这些马克思主义的理论先行者，他们奋斗在充满荆棘的思想道路上，既无所顾忌，又聪明睿智，因为他们具有崇高的马克思主义理论信仰。所以，在整个的真理标准讨论的过程中，他们堪称新时代的思想勇士。回顾到这里，我深深地感到，我们今天的理论界，面对着更加复杂的政治环境，是多么需要这样的思想品格啊！

邓小平曾经说过，改革开放是中国的第二次革命，同样道理，这个真理标准的大讨论也是一次思想的革命。这一次思想革命的杰出成果，就是为马克思主义思想路线的形成和完善奠定了更加坚实的理论基础，并且有力地推动了改革开放的伟大事业。有一个事实，可以更加有力地说明这个道理。安徽凤阳县小岗村的农民，在1978年，顶住各种压力，冒着很大的风险，实行分田到户，搞“大包干”，掀开了中国农村改革的序幕。他们的经验对各个方面都产生了极大的吸引力，有力地推动了全国各个方面的改革。应该说，真理标准大讨论使他们感受到了巨大的精神支持，使他们把改革勇敢地坚持下去。为什么这样说呢？因为当时国内有一些人，甚至包括某些领导人以及一些媒体，对凤阳农村的这种改革做法，表示强烈反对，甚至说他们是在搞“资本主义”，使他们感到有压力；后来，全国性的真理标准大讨论明确提出“实践是检验真理的唯一标准”，小岗村的农民和干部感到这是对他们的一种有力的支持，于是，他们打消了思想顾虑，决心把农村的这项改革搞下去。实事求是地说，凤阳小岗村的农民和干部，在中国农村的改革事业中，做出了开创性的贡献。从根本上说，他们之所以具有这样的改革勇气，做改革的开路先锋，是因为真理标准大讨论给了他们思想力量。所以，由真理标准大讨论推动诞生的马克思主义思想路线，为中国新时期的改革开放事业开了历史的先河。

（三）开展两条思想战线斗争的意识形态新思路

在政治思维方式中，就其本来的意义说，左和右这两个字已经有了固定的意识形态含义。左一般指的是在政治上进步的、革命的，就政治上的分野来说，在我们这个时代，左就是社会主义的、共产主义的，左派就是革命派。在政治上，这是肯定意义上的左。还有否定意义上的左，即带引号的“左”。在我们的政治生活和政治思维中，“左”已经有了特定的意义。一般来说，在政治行为上，这种“左”是一种以革命面目出现的过激行为，我们也称为“左”倾冒险主义或者“左”倾机会主义。毛泽东在一封信中曾经谈到过这个问题，他在解释儒家的中庸之道思想的实质时，认为所谓“左”和右，从思想方法上说，也就是“过”和“不及”这两个极端。

右则是左的对立面。右一般指的是在政治上落后的、保守的、反对革命的，就政治上的分野来说，在我们这个时代，右就是资本主义、帝国主义的，右派就是反动派。新中国成立以来的几次主要政治运动则更加强化了这种政治思维定式，在一定意义上可以说，形成了一种对于右倾的政治意识形态恐惧症，这就必然把人们的思想引向极左。在这个问题上，我们的教训是深刻的。

中华人民共和国成立以来，我们进行了一系列反右的政治斗争。这些反右的政治斗争（或者说政治运动），如反右派斗争、反右倾机会主义的斗争，直到“文化大革命”运动，应该说基本上是错误的，都造成了巨大的政治、经济、人才方面的损失。而这些错误的反右政治斗争，在客观上一次又一次地推动了“左”倾指导思想的发展。这就是说，我们用了主要的精力来进行大规模的反右政治斗争，然而，实际上我们主要是在执行“左”的政策方面吃了大亏。

在现实政治生活中，由于“左”的指导思想一直是占统治地位的，所以，在对待“左”和右这两种错误倾向的态度上，很明显是呈现着一种歪曲形态的，反映出了种种不正常的政治心理现象。由于长期以来“左”倾错误指导思想根深蒂固，形成了“左比右革命”“宁左勿右”等意识形态偏见。在这种以意识形态偏见为思想基础的“左”倾思想指导下，常常就把复杂的意识形态斗争简单化，结果造成了频繁的政治斗争。所以，必须吸取新中国成立以来在反对错误倾向斗争的经验教训，从实际出发，对反“左”与反右的问题，提出全新的意识形态思路。这方面的基本指导思想，就是坚持唯物辩证法，从实际出发，实事求是地、全面地对待反“左”与反右的问题，正确地开展意识形态领域中两条思想战线的斗争。

还有一个重要思想方法需要研究，这就是要正确认识克服机会主义与防止教条主义这两者的关系问题。在一般情况下，机会主义常常表现为右的错误倾向，教条主义则常常表现为“左”的错误倾向。但是，这也不是绝对的，有时两者会产生互相交错的现象。因此，必须从实际出发，在实践中对“左”、对右都要进行具体分析，有的放矢地进行理论研究和思想批判。

在理论工作中，我们既要克服右的机会主义倾向，又要防止“左”的教条主义倾向。但是，在当前，主要任务还是克服“左”的教条主义影响，克服公式主义，克服思想僵化，克服思想方法简单化，等等。这是因为，这种“左”的理论对人们依然是个很大束缚，是进一步改革开放、创造新局面的最大意识形态障碍。因此，为了发展马克思主义，建设生气勃勃的社会主义意识形态，必须扫除多年来形成的“宁‘左’勿右”的思想理论偏见。也就是说，在反“左”和反右这两条思想战线的斗争中，也要坚持实事求是、一切从实际出发。这虽然是马克思主义的一个常识，但是，在“文化大革命”结束后的改革开放年代，却是一个意识形态的新思路。

（四）平反冤假错案与实事求是思想作风的进一步发扬

由于长期以来“左”的指导思想影响，法制不健全，特别是在林彪、“四人帮”横行之时，造成了大量的冤假错案。对于这一段历史的过来人，特别是那些受到直接或者间接影响的人，每一个冤案都是压在人们心中一块沉重的石头，给大多数人前进的道路上蒙上了一层政治阴影。所以，要真正迈开步子进行轰轰烈烈的改革开放，必须下决心搬掉这块石头，彻底清除这个政治阴影，实事求是地、切实完全地平反冤假错案！

在“文化大革命”结束后，平反冤假错案的过程中，胡耀邦是做出了杰出贡献的领导人。1989 年 4 月 22 日在胡耀邦同志的追悼大会上中共中央的悼词中，对胡耀邦是这样评价的：“他以非凡的胆略和勇气，组织了平反冤假错案、落实干部政策的工作，使大批受到迫害的老干部重新走上领导岗位，使其他大批蒙受冤屈和迫害的干部、知识分子和人民群众得到平反昭雪、恢复名誉。”平反冤假错案是“文化大革命”结束后，广大干部和群众的又一次大解放，这一英明之举，具有更加深远的历史意义。这个历史意义在于，它推动了又一次更加深入地恢复实事求是思想作风，因此，这是在实践中进行的一次生动而深刻的马克思主义思想路线教育。

在一定意义上可以说，正是平反冤假错案这个不平凡的政治之举，使党内外的思想获得了更大的解放，为改革开放扫除了政治障碍。现在回顾这段激动人心的历程，就会承认这样的事实，平反冤假错案是一件充满了斗争的事情。因为平反冤假错案本身，实质上是一种尖锐的利益较量，也是一种激烈的思想较量。平反冤假错案过程，充满了激烈的思想斗争，甚至可以说，平反冤假错案，在本质上是马克思主义思想路线与各种错误思想的争夺战。所以，平反冤假错案的这个现实过程，更加彰显了马克思主义思想路线的本质特征和巨大精神力量。

在这个问题上，实质性的思想成果是通过平反冤假错案，进一步增强了干部和群众的实事求是自觉性。在平反冤假错案的过程中，我们发现这样的一个现象，即尽管各种冤案的案情有所不同，但是一个相当普遍的问题是，绝大多数冤案归根到底都是由于处理案件的当事人缺乏或者说根本没有实事求是精神！所以，要真正平反冤假错案，不仅需要同情心和责任感，更重要的是必须具有马克思主义的实事求是精神。

关于平反冤假错案必须坚持实事求是精神的问题，邓小平曾经指出，纠正冤案、假案、错案的原则，是有错必纠，凡是搞错了的东西，统统应该纠正，实事求是地解决。① 胡耀邦也一再强调说："我们必须坚持以客观事实为根据，而不是以某些人的主观意志为转移，对冤案、错案、假案进行平反昭雪。凡是不实之词，凡是不正确的结论和处理，不管是什么时候，在什么情况下搞的，也不管是什么人批的，都要实事求是地改正过来。全错的全改，部分错的部分改。事实是最顽强的东西。一切不实之词和错误处理，都经不起实践的检验，都经不起历史时间的考验最终都是站不住脚的。"② 事实证明，正是由

① 《邓小平文选》第 2 卷，人民出版社 1994 年版，第 147 页。

② 引自沈宝祥:《胡耀邦与"拨乱反正"》,《百年潮》2004 年第 10 期。

于全党始终坚持了实事求是的思想原则，平反冤假错案才得以顺利进行并取得成功。

大量的事实有力地说明，我们党在整个平反冤假错案工作中，一直坚持了真正的实事求是精神，坚持了彻底的唯物主义精神，而这恰恰是马克思主义思想路线的灵魂。所以，“文化大革命”结束后，党所领导的平反冤假错案工作，就转变思想作风这方面而言，对马克思主义意识形态的变革，具有特殊重要的历史意义。

（五）摆脱姓“资”、姓“社”等抽象意识形态争论，进一步解放思想

长期以来，在我们的政治生活中，由于“左”的错误指导思想的严重束缚，许多人对所谓“资本主义”有着一种莫名其妙的意识形态恐惧感；而有些所谓的理论家、政治家，在社会主义与资本主义的关系问题上，由于极为有害的教条主义、宗派主义影响，散布了许多错误思想。在相当多数人的头脑里，关于姓“资”还是姓“社”的判断标准问题上则存在着一大堆错误观念。这些人在改革开放中，凡事总是要先问是姓“社”还是姓“资”。由于思想脱离实际，结果往往是陷入关于姓“资”姓“社”的抽象意识形态争论中去。这样，在需要开创新局面之时，在要求进行创造性理论探索之时，由于对姓“资”还是姓“社”这个问题的政治恐惧症，便束手束脚，畏首畏尾，无所作为，丧失良机。

其实，姓“资”还是姓“社”的抽象意识形态争论，以及由此而来的对姓“资”还是姓“社”问题的政治恐惧症，是有很深的历史渊源和现实原因的。我们在前面所说的几次主要的反右的政治运动，其矛头无不是对着资本主义和资产阶级的，直到“文化大革命”中批判修正主义、批判走资本主义道路的当权派、批判社会帝国主义等，都是如此。我们并不认为批资本主义、批修正主义是错误的，而是说，由于“左”的指导思想影响，大多数人实际上并不明白究竟什么是修

正主义、什么是资本主义。结果，越是批判资本主义，越是划不清社会主义与资本主义的界限，思想上越来越糊涂。我们一直在坚持走社会主义道路、反对资本主义道路，可是，到头来，竟然连什么是社会主义、什么是资本主义这样的基本政治概念也分不清了！

改革的每一次深化，都要引起意识形态领域中的矛盾和斗争，引起一部分人思想上的混乱，而这个思想矛盾的突出反映，则往往演化成为姓“资”还是姓“社”的抽象意识形态争论。所以，直到1987年，邓小平还反复指出：“最根本的一条经验教训，就是要弄清什么叫社会主义和共产主义，怎样搞社会主义。”[①] 那么，究竟什么是社会主义，社会主义的本质是什么呢？判断的标准是什么呢？邓小平在他最后一次轰动世界的谈话中，即1992年春视察南方的谈话中，以他的特有语言回答了这个近百年来争论不休的问题。邓小平明确指出：“改革开放迈不开步子，不敢闯，说来说去就是怕资本主义的东西多了，走了资本主义道路。要害是姓‘资’还是姓‘社’的问题。判断的标准，应该主要看是否有利于发展社会主义社会的生产力，是否有利于增强社会主义国家的综合国力，是否有利于提高人民的生活水平。”[②] 邓小平用“三个有利于”的标准，否定了人们长期以来在资本主义与社会主义本质区别问题上的意识形态偏见，要求人们摆脱关于姓“社”与姓“资”问题上的抽象意识形态争论，进一步解放思想，实事求是，勇于创新，把积极发展社会主义社会的生产力，放在更高的地位上去。

在这方面的争论中，最尖锐的表现在办“经济特区”的问题上。从办特区一开始，就有人反对，认为这是在搞资本主义。但是，深圳特区的建设成就、该地区的经济成分比例的事实，已经明确回答了

---

① 《邓小平文选》第3卷，人民出版社1993年版，第223页。
② 《邓小平文选》第3卷，人民出版社1993年版，第372页。

这些人的种种担心。所以，邓小平毫不含糊地向世界宣布：“特区姓‘社’不姓‘资’。”[①] 这个英明的论断，清除了在办特区问题上的最大思想障碍，有力地推动了改革开放事业的发展。

对邓小平关于社会主义本质的这个新的论断，仍然是有不同看法的，他们认为这种“新社会主义”不是马克思主义观点。如有的文章这样说：“任何社会都要关心发展生产力，任何社会经济制度都要将发展生产作为它的目的，否则它一个星期也生存不下去，并不仅仅是社会主义经济制度如此。发展生产力无疑是社会主义经济制度的极其重要的任务，但如果我们说发展生产力是社会主义经济制度的本质，那就无法将社会主义和资本主义区别开来。”[②] 如果我们再看看邓小平关于社会主义本质的完整的论述，就可以看出，“说发展生产力是社会主义经济制度的本质”这句话，很显然是一种歪曲。但是，我们如果认真研究一下这段论述的实质，还能够看出，作者的理论立场很明确：他反对把社会主义的本质与发展社会生产力联系起来。那么，这样的传统的“社会主义”，仍然只能是一种意识形态的空想。

邓小平提出“三个有利于”的标准，把发展生产力与社会主义的本质问题联系起来，这在意识形态方面是个重大的突破，为社会主义市场经济体制的诞生提供了有力的理论根据。

邓小平关于市场与计划都是经济手段（即发展生产力的手段）的这个新观念，之所以有巨大的思想解放意义，关键在于它实际上否定了市场经济体制与计划经济体制具有意识形态性质。因而，实行市场经济还是实行计划经济，不能成为判断是社会主义还是资本主义的根据。这是科学社会主义意识形态发展中的一个重大理论突破。这个重大理论突破，极大地解放了人们的思想，使人们摆脱了一些陈旧观念

① 《邓小平文选》第 3 卷，人民出版社 1993 年版，第 372 页。
② 引自《真理的追求》1994 年第 4 期。

的束缚，放开手脚，大胆地利用现代市场经济手段，去发展社会主义社会的生产力。实践已经证明，随着这个重大理论突破所带来的思想解放，社会主义市场经济体制日益巩固和发展，对于加速实现社会主义现代化，是有划时代意义的。

邓小平关于克服姓“资”与姓“社”的抽象意识形态争论、关于市场与计划不具有意识形态性质的思想，对于马克思主义是个重大理论发展；同时，它也显示了邓小平理论的鲜明时代特色，是中国马克思主义意识形态发展史上一个重要的里程碑。这些思想对当今中国的意识形态改革，仍然具有指导意义。

第六讲　马克思主义意识形态建设的主要原则

——对苏联解体意识形态教训的反思

马克思主义的社会主义意识形态，自苏联十月革命之后，在世界上已经成为一种与资本主义意识形态相对立的不可忽视的意识形态存在，特别是由于中华人民共和国的成立和不断地强大，它的影响力越来越受世界瞩目。但是，由于苏联解体和东欧剧变（主要是苏联解体），马克思主义意识形态的声誉受到了很大的打击。苏联解体的意识形态教训是十分深刻的，需要认真进行反思。并且，我们应该通过对苏联解体意识形态教训的反思，从而深刻思考：马克思主义意识形态建设究竟应该遵循哪些原则。当然，在当今时代，迫切需要认真研究的是我们中国共产党的意识形态建设必须遵循一些什么样的原则。

为此，我们在对苏联解体过程中意识形态教训反思的同时，结合对中国“文化大革命”时期意识形态教训的总结，对马克思主义意识形态建设主要原则做一些基本的理论概括。

一、马克思主义意识形态建设的人民主体原则

在研究苏联解体的原因时，我们痛切地感到，苏联解体的根本原因，主要是苏联共产党长期脱离人民群众，而最后被人民群众抛弃了。大量事实说明，在苏联这个号称是人民当家作主的社会主义国家，人民却是没有权力的，国家的一切主要权力，包括意识形态权力，都集中掌握在党和国家领导人的手中。由于这样的执政理念，在

苏联，人民与权力机关的关系即社会主人与社会公仆的关系是颠倒着的，高高在上的大量特权阶层的存在就是一个有力的证明。在苏联共产党执政的时期，所谓马克思主义意识形态的运行，包括媒体、一般文化工作等，主要取决于党的主要领导人的意志，而实际上是取决于党的最高领导人的个人意志。这样，所谓的马克思主义意识形态，只不过是权力机关控制社会公众的思想工具而已。

在苏联，在意识形态领域中，党的领导机关和党的领导人，是以人民的教育者自居的，人民群众只是一些被动的受教育对象。在一个意识形态体系中，作为社会主体的人民没有任何实际权力，这样的意识形态怎么会有生机与活力呢？在当年的苏联，所谓的马克思主义意识形态与整个社会是脱节的，与人民的根本利益是不相干的，这样的所谓马克思主义意识形态对人民来说还有什么价值呢？一个对人民已经没有用处的东西，理所当然地要被人民所抛弃。就苏联解体的这种意识形态教训来看，我们应该从中得到什么样的启发呢？简单说来，就是必须在意识形态领域中真正实现人民的主体地位，这也就是马克思主义意识形态建设主要原则的一个实质内容。

鉴于苏联解体和中国“文化大革命”时期的教训，我国在改革开放的过程中，进一步明确了要全面坚持人民主体地位的政治制度。中国共产党十九届四中全会提出，要坚持和完善人民当家作主制度体系，发展社会主义民主政治。必须坚持人民主体地位，坚定不移走中国特色社会主义政治发展道路，确保人民依法通过各种途径和形式管理国家事务，管理经济文化事业，管理社会事务。[①] 这里所明确提出的人民当家作主政治原则，实质是要求确保人民能够依法通过各种途径和形式管理国家事务。这其中，当然包括经济、政治、文化和意识

① 《中国共产党第十九届中央委员会第四次全体会议公报》，新华社北京 2019 年 10 月 31 日电。

形态等各种社会事务。在意识形态领域中也必须坚持人民主体地位，这样才能实现人民当家作主。人民主体原则实质上也就是人民民主原则。所谓人民民主原则，其核心内容就是由人民做主，而不是为人民做主，这才是真正的人民主体原则。

在思想文化领域中，只有真正实现以人民的利益为中心，以人民的幸福为根本，以人民的发展为目标，才能不断地完善和发展马克思主义意识形态。这就是马克思主义意识形态建设中人民主体原则的实质。

二、马克思主义意识形态建设的开放性原则

在探讨苏联解体的根本原因时，一些研究者认为，这是它的高度集权政治体制必然导致的结果，而这种高度集权体制崩溃的一个直接原因，则是它的体制的封闭性，而封闭性必然导致其各个方面的落后。苏联政权封闭性体系的形成和强化，与当时的世界政治形势有密切关系。第二次世界大战后，资本主义和社会主义两大阵营处于越来越深的敌对状态，在这样的情况下，西方资本主义国家对苏联实行遏制政策，再加上苏联共产党在政治上的失误，使苏联国内在文化、意识形态领域中，实际上形成了一种越来越封闭的社会体系。这样的封闭体系，必然导致其经济、政治、科学、文化、意识形态等各个领域处于与外部世界隔绝的状态。

实践证明，无论是什么原因造成的封闭状态，它与人类文明的发展都是背道而驰的，并且在本质上与马克思主义的社会主义社会发展规律也是格格不入的。就意识形态上来说，这样的文化封闭主义与马克思主义是不相容的，因为马克思主义在本质上是彻底的开放性的思想体系。事实上，马克思主义思想体系的这种开放性本质，必然使它具有鲜明的世界历史性的理论视野，而这本身就是马克思主义具有强

大思想力量和理论生命力的根源之所在。

马克思主义之所以会成为一种彻底的开放性思想体系，从历史根源上说，这是由于马克思主义是人类文明发展的一个伟大时代——资本主义时代的产物。资本主义时代与封建主义时代的本质区别是什么呢？概括言之，资本主义时代是人类文明发展中第一个真正开放的时代。作为这个真正开放时代的精神文明产物，马克思主义必然是一种彻底的开放性思想体系。

人类文明这个伟大开放的历史过程，早在一百多年前的资本主义工业化时期就开始了。对此，当年马克思恩格斯在《共产党宣言》中就曾这样描述过："美洲的发现，绕过非洲的航行，给新兴的资产阶级开辟了新天地。东印度和中国的市场、美洲的殖民化、对殖民地的贸易、交换手段和一般商品的增加，使商业、航海业和工业空前高涨"，同时，"大工业建立了由美洲的发现所准备好的世界市场。世界市场使商业、航海业和陆路交通得到了巨大的发展"。这样，"资产阶级，由于开拓了世界市场，使一切国家的生产和消费都成为世界性的了"。特别是，"资产阶级，由于一切生产工具的迅速改进，由于交通的极其便利，把一切民族甚至最野蛮的民族都卷到文明中来了"①。资本主义创造了一个广阔开放的世界，一种开放的人类文明。

这里所说的文明，自然是资本主义的文明，不过须知，这个时候的资本主义文明，是人类文明发展的、最高的共同形式。所以，作为文明的精华的哲学思维方式，也必然向着世界性的方向发展，日益深刻地反映出人类思维方式，特别是意识形态的开放性本质特征。

这一点在马克思主义创始人的早期哲学思想中，已经有了相当鲜明的反映。青年马克思在其博士论文中就曾经预言过，随着人类社会

---

① 《马克思恩格斯选集》第1卷，人民出版社1995年版，第273、276页。

的日益世界化，民族文化向世界文化的转变，同时意味着作为文化内核、文化魂灵的哲学的全球化，民族哲学向世界哲学的转变，哲学不仅在内容方面而且也在形式方面成为真正的世界哲学或全球哲学。马克思在《莱茵报》时期的文章中就更加明确地论述了“哲学的世界化”的问题。他指出：“因为任何真正的哲学都是自己时代精神的精华，所以必然会出现这样的时代：那时哲学不仅从内部即就其内容来说，而且从外部即就其表现来说，都要和自己时代的现实世界接触并相互作用。那时，哲学对于其他的一定体系来说，不再是一定的体系，而正在变成世界的一般哲学，即变成当代世界的哲学。各种外部表现证明哲学已获得了这样的意义：它是文明的活的灵魂，哲学已成为世界的哲学，而世界也成为哲学的世界。”[①] 马克思这里所说的“世界的哲学”，也就是面向世界历史发展的开放的哲学——一种开放性的思维方式。马克思主义哲学就是这样一种彻底开放性的思维方式，这本身也决定了马克思主义思想体系即马克思主义意识形态的彻底开放性。

马克思主义在其发展的历史过程中，一再被证明，作为一种学说，它与那种理论上的狭隘性、理论上的偏见、思想上的成见等，是根本不相容的。恰恰相反，在人类文明发展历史主流面前，马克思主义能够最大限度地敞开思想胸怀，批判地继承历史上一切有价值的思想因素，正视现实世界中的各种不同的文明成果，并且用来充实和丰富自己的思想体系，同时，又能够毫无保留地把自己的思想理论财富公之于世，为世界所用。无论是对自己，还是对世界，马克思主义都是真正公开的。事实证明，这正是马克思主义的生命力和思想力量之所在。

思想的彻底的开放性，是对实际上存在着的思想的封闭性的一种

---

① 《马克思恩格斯全集》第1卷，人民出版社1956年版，第121页。

否定。现实的生活经验说明，作为思想形成过程的思维的开放性，是在不断地否定思维的封闭性的过程中形成的，而且不否定思维的封闭性，也不可能真正形成思想的开放性。这就是说，封闭性的思维方式，与马克思主义的发展性本质是背道而驰的。

现代社会的生活经验一再说明，任何一种真正有价值的思想文化，都是人类文明发展共同成果的一部分，逐渐地突破了地区、民族和国家的局限性。这样，各国各地区的思想文化，就逐渐显示出了它们的开放性，这种开放性，实质上反映了文明本身的人类性特征。因此，企图在闭关自守中提高自己的文明水平，建设先进文化，是很难的事情，最后，顶多是一种空谷幽兰、孤芳自赏的局面。

建设有中国特色社会主义的哲学社会科学，是我们的一个重要文化任务。在这个科学研究的工作中，必须坚持以马克思主义为指导，这就是说，在我们的思维方式中，应该明确自己的意识形态性质。但是，作为意识形态的马克思主义，对我们来说就是中国特色社会主义理论体系，从其发展的总方向来看，归根到底是要走向人类文明发展的共同道路的。所以，当代中国的马克思主义意识形态——中国特色社会主义理论体系，应当包含越来越多的人类共同价值因素。这就是说，我们必须改变过去那种封闭性的思维方式，真正形成一种完全开放的思维方式，在一个开放的世界文化中从事马克思主义的研究。这就是马克思主义意识形态建设开放性原则的实质。

当今世界的社会主义制度及其意识形态，正是在这样的开放文明体系中，通过竞争而不断发展起来的，为推进人类文明的发展做出了自己的特殊贡献。实践证明，在开放世界的多元意识形态格局中，广泛借鉴各民族文明发展中的有价值成果，才能使中国当代社会主义意识形态不断得到充实、丰富和完善。这是中国特色社会主义理论体系发展的一个重要途径。

我们越来越深刻地认识到，在越来越开放的当今世界中，以一种彻底的开放性思维，最大限度地吸取人类文明发展的一切有价值成果，这不仅是马克思主义意识形态建设的一个基本原则，而且应当是我们进行社会科学研究，特别是进行马克思主义意识形态理论研究的一个重要方法论。

三、马克思主义意识形态建设的多元性原则

苏联共产党领导的苏联存在和发展的过程中，特别是在它的后期，文化和政治之间的矛盾日益深刻和尖锐，而政治体制本身的各种弊端，又使它无法解决这样的矛盾。因此，政治和文化之间对抗性矛盾的进一步激化，就成为导致政治体制瓦解的重要原因之一。从苏联产生到解体的过程中，政治和文化之间的矛盾为什么这样突出，最后变得不能相容了呢？历史事实证明，苏联解体的根本原因之一，就是社会思想文化、意识形态的多元性本质与政治体制高度集权性之间的尖锐对立，最后导致了政治体制的全面崩溃。

在我国“文化大革命”时期，由于维护高度集权政治体制的意识形态，一度导致了思想文化和整个意识形态的垄断局面，而由此也发生了严重的社会精神危机。这个危机的根源同样也是社会思想文化、意识形态的多元性本质与政治体制高度集权性之间的尖锐对立。这种政治上的高度集权体制，与现代政治文明的民主体制是不相容的；同样地，由于政治体制的高度集权而形成的思想文化和意识形态单一权力垄断状况，与现代社会中思想文化、意识形态多元性发展规律，也是尖锐对立的。

苏联解体的意识形态教训，我国“文化大革命”的意识形态教训，都从反面揭示了一个真理：思想、文化和意识形态建设，必须摆脱集权垄断的单一局面，充分反映出它本来应该具有的多元性本质，社会才能生气勃勃，具有活力，不断地向前发展。从人类社会发

展的基本趋势来看，意识形态的多元性是人类精神文明发展的一种客观规律。这就是马克思主义意识形态建设必须遵循多元性原则的思想根据。

中国历史上，自汉代开始的“独尊儒术”，把其他文化都斥之为异端，造成几千年的儒家思想专制局面，即搞所谓思想定于一尊，历史事实证明，这对中国的文化发展，以致对社会的经济、政治发展，都造成了严重的危害；我国“文化大革命”中，受“516通知”的影响，无产阶级在上层建筑领域包括各个文化领域实行所谓的“无产阶级专政”，造成了严重政治恶果。一个突出表现，就是思想文化的单一化，使整个社会变得死气沉沉，影响了经济、政治的健康发展；中国的“文化大革命”之所以能够搞起来，其中的一个重要原因，就是整个社会、全国上下只允许有一种声音——“最高指示”，不同的声音、反对的声音都被淹没了，全国都处在一种“意识形态的无意识”思想蒙昧之中，于是，在个人崇拜的气氛中，由最高领导人发动的“文化大革命”就成为自然而然的事情了。

目前有的人，特别热衷于搞所谓“思想统一”“保持一致”“一元化”“主流化”等，这不能说没有必要和完全没有道理，但是，如果把这些东西绝对化了，就会导致“排除异己”“清一色”“思想定于一尊”，成为一种实际上的文化专制主义。历史和现实的经验教训都说明，思想专制主义是导致文化落后的根本原因之一，而只有民主自由的政治制度，才能保证文化的进步，推动马克思主义意识形态的发展。这其中的一个决定性的因素，是民主制度创造了言论、出版自由这样的意识形态多元性社会条件。

在人类文明高度发展的今天，在意识形态领域中，任何社会都不可能是某种单纯的、单一的思想文化存在，而必然是有生命力的、不断发展着的、多元并存和平等竞争的思想文化结构，形成一种充满活力的思想文化生态系统。多元并存和平等竞争的思想文化、意识形态生态系统，是现代社会发展的精神基础。

我们现在生活在一个丰富多彩、个性鲜明的世界中，各个民族、各个国家的人民，都在根据自己的实际，创造着各自的物质文明和精神文明，这其中包括对制度、体制及其意识形态的选择。不同民族、不同国家的人民，由于所选择的经济政治体制的不同，相应的意识形态也有着自己的特点。不必讳言，他们在某些方面与我们是不同的，甚至可以说在一些方面存在着原则区别。但是，必须承认一个事实，这就是除了那些极端的情况之外，大多数民族、国家的人民，基本上都在沿着人类文明发展的共同道路前进，在他们所选择的意识形态上，都为人类文明发展提供了有价值的因素，做出了各自的不同贡献。因为这些成果，都是当今世界人类文明发展不可缺少的组成部分。很显然，处在同一个时代的文明水平上，各个民族、各个国家的人民，作为现代文明世界中的平等成员，他们各持有自己性质和特点的不同意识形态。这样，就形成了一种开放世界中多元意识形态并存的局面。所以，既然选择了不同的政治体制和政治制度，那么，各个民族、各个国家的人民，在意识形态领域中，就应该采取平等的态度，互相尊重、互相借鉴、自由竞争，共同推进人类文明的发展。事实证明，马克思主义意识形态必须在人类文明多元发展的环境中，才能实现自己的生存和发展。

在当今世界这样多元并存的思想文化生态系统中，必然充满了不同思想文化形态的矛盾、冲突、竞争。这也是多元并存思想文化、意识形态生态系统有活力的根本原因之所在。因为，各种思想文化、意识形态正是在矛盾、冲突、竞争、融合中，不断向前发展。

所谓多元并存的思想文化、意识形态生态系统，就是不同质的思想文化、不同时态的思想文化、不同地域的思想文化，平等存在、竞争发展。事实证明，只有在这样多元性的意识形态生态系统中，才能共同繁荣，而这恰恰是马克思主义意识形态发展的必要条件。这就是马克思主义意识形态建设多元性原则的现实思想根据。这就决定了，我们的马克思主义意识形态建设，必须坚持百花齐放、百家争鸣方针，破除思想定于一尊，反对任何一种思想上的专制主义，确立一种具有强大生命力的多元性原则。

马克思主义是我们的指导性质的思想体系，当然要大力宣传，坚持它在意识形态领域中的指导地位。但是，它的指导地位不应该靠行政的、政治的强制力量去实现，而应该积极参与各种不同文化的平等博弈，在多元性的自由竞争中，在社会实践的检验中，显示出它的思想吸引力，使广大人民群众自觉接受，从而实现它的指导作用。

作为科学研究工作者，如果具有真实的主体意识，同时，又真诚地承认其他的研究者同样是平等独立的主体，那么，这就是一种多元性意识。在当代世界上，马克思主义意识形态在不同意识形态的多元存在和博弈中发展，是一种客观存在着的历史事实，是不以我们的主观意志为转移的。这就要求我们的马克思主义研究方法论，必须坚持多元性原则，在开放多元的思想世界中，进行马克思主义意识形态建设。

在现代文明世界上，一个真正民主、自由的社会，应该是一个有不同思想、不同声音的社会，当权者能够听到不同意见、听到批评声音的社会。由此就产生了现代思想文化、意识形态的一个重要特征：具有最大的包容性，不同观点的平等精神和不同学派的自由竞争性，等等。这是社会的生气和活力之所在。听不到批评声音的社会，不是一个真实的社会，也必定是一个没有生气的社会。由此就决定了意识形态研究的基本方针：百花齐放、百家争鸣、学术自由。同样地，也就决定了我们的思想文化建设，马克思主义意识形态建设必须坚持多元性这个重要原则。

意识形态研究的基本方法论是唯物辩证法，那就是必须从实际出发，实事求是地研究问题，这就必须面对一个真实的思想文化界。无论是当代中国，还是当代世界，思想文化界的真实状况，都是一种多元性的生态环境。从这样的客观实际出发，实事求是地研究当代中国和世界的意识形态问题，就自然要采取多元的研究方法论，这是唯物辩证法思维方式的根本要求。但是，一些人阐述自己的观点时，用很大的篇幅说明自己的观点是如何受到拥护，是怎样地得到赞同，以此来证明自己观点的正确性，当然，这无可厚非；但是，遗憾的是，他们很少提到在形成这个观点的过程中，曾经有过什么样的不同意见，而根据这些不同意见，对自己的观点进行了什么样的修改，等等。实际上，恰恰是因为有了不同意见，才使他们的论著形成过程更加真实，而且正是不同意见才使得他们的观点更有价值。设想一下，如果没有这些不同意见，自己原来那些不准确、不全面、不明确的部分，怎么会得到修正呢？其实，正是这些“不同意见”，帮了他们大忙！人类的智慧就产生在不同意见的博弈之中。马克思主义是在不同意识形态的博弈中向前发展的，这正是我们主张马克思主义意识形态建设坚持多元性原则的一个根本理由。

四、马克思主义意识形态建设的创造性原则

马克思主义的意识形态，作为一种科学理论，在本质上是一种创造性的思想体系，创造性也是马克思主义的生命力之所在。因此，马克思主义意识形态建设必须坚持创造性的原则。但是，在世界社会主义的发展中，特别是从苏联解体的意识形态教训中，以及在中国的“文化大革命”时期，我们看到，马克思主义意识形态的这种创造性，却由于体制上的原因以及因此而产生的各种意识形态禁锢，而遭到了扼杀。

当年的苏联共产党根据斯大林的意图编写的《联共（布）党史简明教程》，在苏联和其他国家的共产党那里，原文和各种译文版本一

印再印，被称为“马克思主义的百科全书”，被奉为金科玉律。这样，《联共（布）党史简明教程》就成了当时苏联各个学科的最高典范，成了哲学社会科学以及整个意识形态研究的唯一遵循，凡是它所阐述的观点，任何人都不得越雷池一步！中国“文化大革命”时期，也有过类似的意识形态遭遇：无论是什么著作、言论，都必须严格遵循“最高指示”，文艺创作则有所谓“样板”，等等。这就是说，任何人的任何思想，都有一个必须遵守的固定格式，否则，就是“反马克思主义”。可以想象，在这样的思想藩篱中，还有什么创造性可言呢？那么，扼杀人们创造性的这个意识形态禁律的实质是什么呢？简单地说，就是“左”倾教条主义和政治实用主义。

在马克思主义意识形态建设中，必须反其道而行之，从“左”倾教条主义和政治实用主义思维方式的束缚中解放出来，发扬马克思主义的创造精神，坚持创造性原则。马克思主义意识形态建设的创造性原则，由何而来呢？这首先是由马克思主义思想体系的创造性本质决定的。

在马克思主义理论和其他哲学社会科学研究的过程中，包括马克思主义意识形态的研究和理论建设中，一个直接的目标，是有所发现，有所创新，创造出新的思想，或者是创造出新的思想方法、新的思维模式，归根到底，是为了用新的思想成果，指导新的社会实践，创造出新的物质、文化成果，从而推动人类社会的文明发展。所以，如果没有了创造性，马克思主义也就没有什么存在的价值了。理论研究的实践也证明，在马克思主义的研究过程中，人的创造性思维，是具有决定性意义的因素之一，同样的道理，创造性是马克思主义意识形态的灵魂，这就决定了马克思主义意识形态建设必须坚持创造性的基本原则。

哲学社会科学研究，特别是马克思主义意识形态理论研究，它的创造性思维方式的本质要求是什么呢？这就是以新的思想取代那些被实践证明是错误的思想，或者毅然决然地抛弃那些过时了的旧观点，代之以反映时代发展的新观点，开辟全新的思想境界。从根本上说，一般的理论研究中的创造，实质上是对那些已经不符合时代发展要求的思想理论的挑战，以及由此而来的对已有的过时的理论的颠覆性改造，形成对已有的理论体系的突破进展。这样，就使已有的思想理论体系，发展到新的历史阶段上去。这就是马克思主义意识形态研究中创造性的本质要求。

我们怎样才能使自己的思想理论研究具有创造性呢？这其中的一个关键环节，是必须老老实实坚持实践的观点，因为，创造性的研究是必须从实践中来，再到实践中去。只有在对实践经验的总结中，才能提炼出全新的思想观点。可以看出，所谓创造性的思想理论，实际上是对新的实践经验总结形成的思想升华。

马克思恩格斯那些伟大的著作，那些杰出的思想，都是社会实践经验的总结，是他们的实践经验的结晶。马克思主义意识形态研究过程中的创造性，本质上就是在对实践经验的总结过程中产生的全新思想，再到实践中去经受检验，通过实践检验而获得发展。所以，马克思主义意识形态建设的创造性原则，核心的内容就是从实践中来再到实践中去，使已有的思想理论得到升华。

理论研究本身一再证明，坚持马克思主义意识形态建设的创造性原则，关键的问题是必须坚持理论与实践的密切结合。因为任何正确的思想理论，归根到底都要从实践中来，再由实践加以检验，通过实践不断地向前发展。哲学社会科学研究，特别是马克思主义意识形态研究的经验教训说明，离开了社会实践，创造性是无从谈起的。

“左”倾教条主义和政治实用主义的一个典型思维方式，就是所谓论证性的思维，而创造性思维的本质，则是一种批判性的思维。马克思恩格斯学说的发展史一再说明，以人类文明成果为基础的科学批判精神，是理论创造的伟大内在动力。

如果回过头来再看看马克思恩格斯的著作，可以发现，他们早期的理论创造能力，与他们的革命批判精神是分不开的。正是在《黑格尔法哲学批判》《神圣家族》（其副标题是“对批判的批判所作的批判”）《反杜林论》（实际上是对杜林思想的批判）《哥达纲领批判》、《政治经济学批判》（这也是后来的伟大著作《资本论》的副标题）等这些充满了革命批判精神的著作中，显示出了他们的伟大创造才华。他们是在批判旧世界的过程中，不断发现新世界的。

肯定意义上的批判性研究，通俗地说，就是对旧思想理论的一种分析，一种剥离，一种清理，而不是简单的抛弃。我们这里所说的批判，作为一种否定的形式，不应当做形而上学的理解，它的实质是辩证法所说的“扬弃”。所以，批判是创新的一个必要途径，没有批判，就不会有创新。毛泽东说过，“破字当头，立也就在其中了”。这句话虽然有些绝对了，但是，我们却必须承认，没有破就没有立，这个思想却是很深刻的。

在强调批判精神的重要性问题时，我们还要注意克服那种庸俗的、低级的所谓“批判”。这种所谓的“批判”，是以给人家扣帽子为特点的。有些人，总是以马克思主义者自居，开口就是“马克思主义认为如何如何”，其实那只是他们自己的观点；而对别人，则动不动就说某种观点是“反马克思主义”的。不说别的，就这样的形而上学思想方法而言，这种人就很难说他是个马克思主义者。所以，必须清除这种所谓的“批判”，因为，这种庸俗的、低级的“批判”，恰恰是理论创新的一种阻力。

马克思主义的科学批判，不但是理论创新的重要途径，而且也是理论发展的内在动力，是科学理论具有生命力的重要标志。如果一种理论没有了批判的能力，那么它实际上没有了理论的生命力。就理论工作者个人来说，有没有自我批判能力，也是他有没有理论创新能力的重要表现。科学理论发展的历史告诉我们，那些有成就的理论家们，总是在不断的自我批判中，实现理论更新的。我们在前面所列举的马克思恩格斯的那些批判性著作中，也包括了他们对自己早期思想的自我批判和清理。正是由于坚持了这种科学的、严肃的批判精神，他们扬弃了黑格尔、经过费尔巴哈而走向了新唯物主义。我们的理论研究的实践经验也说明，批判性研究方法的创造性思维特点的实质，就是借鉴学术史中有价值的成果，进行批判地研究，使之成为推进理论创新的一个重要环节。

在这方面，当代思想家中那些关于创造性思维本质的观点给了我们重要启发。美籍华人学者林毓生转述过哈耶克的一个思想观点，他说对人类文明发展做出过重要贡献的有两类学者，第一类称为“头脑清楚型”，他们学习能力特别强，语言表达清楚，善于把人类已有的知识在自己的头脑里重新组织一遍，以明白的方式传播给人们。人类文明就是靠这些人的努力一代又一代传下来的。罗素便是这样的典型。

这位思想家说，第二类称为“头脑迷糊型”，他们的著作一般人很难读懂，甚至令人感到艰深晦涩，但是，他们具有原创能力。他们不能简便地接受过去约定俗成的概念与定义。他们头脑组织得很奇怪，每一个简单的概念，对他们而言，都得重新界定，然后才能在他们思想系统中找到适当的位置。因此，一般人认为极简单的概念，对他们而言，可能是很困难、很复杂的问题。但是，正因为他们无法轻易把前人传下来的概念视为当然，所以他们常常能在困思之中发现新的思想。人类文明的进展，主要靠这个类型的学者的努力。怀特海比较接近这个类型。[①] 他们从不强求别人接受自己的思想观点，但是，

① 林毓生:《中国传统的创造性转化》，三联书店 1988 年版，第 336—337 页。

同时也不盲从别人的思想观点。这可以说是学术研究中批判精神的本来意义。正是这样的批判性研究方式，形成了创造性思维。由此可见，研究工作如果没有批判性的探讨，就不会有创造性的思维。在这个意义上可以说，批判性研究本身就是一种创造性思维。

人类的思想发展过程本质上就是一种创造性的过程，所以，创造性是一切有作为的理论研究的根本原则，自然地，也必须应该成为马克思主义意识形态建设的一个根本原则。

第七讲　意识形态与文化教育

作为人类文明的有机组成部分，意识形态可以说是一种广义的文化，这就是说，一般作为观念形态的文化具有意识形态的性质。所以，在深入研究意识形态的本质、功能等问题的时候，必然要涉及文化问题；同样道理，在深入研究文化的本质、功能等问题的时候，也必然要涉及意识形态问题。在通常的情况下，无论是意识形态还是文化的社会功能发挥，都要通过传播、灌输、教育等的途径，这就需要认真研究意识形态与文化在它们的功能发挥过程中相互关系的问题。关于意识形态的问题，在本书的其他部分论述得比较详细，这里，我们将集中研究与意识形态相联系的文化的本质及其功能发挥的问题。这个问题也是意识形态与文化教育的关系问题。

一、什么是文化

在整个社会精神生活中，文化在本质上属于意识形态范畴，或者说文化具有意识形态性质。但是，作为社会精神生活的一种基本形式，文化有自己本身的特殊本质和特殊的社会功能，因此，文化是一种相对独立的精神存在，文化教育具有独特的社会作用，也有它发挥作用的特殊方式。

在当代的社会生活中，无论是在一般学术文献中，还是在政治文献中，文化这个概念的使用频率越来越高了，这意味着实际生活中，文化因素的地位和作用都提高到了一个空前的历史水平。因此，学术界应当相应地加强对文化问题的马克思主义理论研究。这其中的一个前提，就是需要搞清楚文化的本质究竟是什么。那么，什么是文化呢？关于文化范畴内涵的问题，学术界长期以来众说纷纭。这里，结合国内外已有的研究成果，做几个理论概括。

第一，文化是人类文明发展过程中一种进步性的历史标志。

“文化”一词在西方来源于拉丁文，原义是指农耕及对植物的培育，后来逐渐引申使用，把对人的品德和能力的培养也称为文化。总的来说，国内外大多数学者认为，文化通常是与“自然”“原始”“野蛮”相对而言的词汇。这在中国文献中，从语义上说，“文化”中的“文”，本义是条理，如文理，后来，就逐渐具有了文章、文采等意义；“化”有改造之义，即“使……变化”，也有教化之意。所以，文化是人对自身和客观环境的改造过程及其物质、精神成果。这就是说，文化是与“自然”相对而言的，是人对原始自然状态的改造。所以，通常说的有的人有文化、有的人没有文化，是人的“文”“野”之分，就是这个道理。

就其与文明概念的关系而言，文化是一个人类学概念，文化是人类文明进步发展历史水平的标志，是人这个理性主体一种有目的的创造能力及其成果。比如，德国20世纪40年代的哲学家E. 卡西尔从符号的角度研究文化，他指出：“人不再生活在一个单纯的物理宇宙之中，而是生活在一个符号宇宙之中。语言、神话、艺术和宗教则是这个符号宇宙的各部分，它们是组成符号之网的不同丝线，是人类经验的交织之网。人类在思想和经验之中取得的一切进步都使这个符号之网更为精巧和牢固。”[①] 卡西尔又说：“对于理解人类文化生活形式的丰富性和多样性来说，理性是个很不充分的名称。但是，所有这些文

① 〔德〕E. 卡西尔，甘阳译：《人论》，上海译文出版社1985年版，第33页。

化形式都是符号形式。因此，我们应当把人定义为符号的动物来取代把人定义为理性的动物。只有这样，我们才能指明人的独特之处，也才能理解对人开放的新路——通向文化之路。”① 在关于文化与符号的关系问题的研究上，与卡西尔观点相同的是怀特，在谈到文化时他指出：“全部文化（文明）依赖于符号。正是由于符号能力的产生和运用才使得文化得以产生和存在；正是由于符号的使用，才使得文化有可能永存不朽。没有符号，就没有文化，人也就仅仅是动物而不会成其为人类。”② 实践证明，对人的文明进化而言，符号与文化具有本质上的一致性。

这就是说，人之所以成为人，是由于他能够运用符号。所以，学术界还有的学者认为，文化包括以下四个要素：符号、价值观、规范、物质文化。符号是指一群人所认可的任何能有意义地表达其自身之外的事物的东西，语言、文字、数字都是符号，国旗、十字架、徽章也是符号。这其中，语言、符号是有普遍性价值的。所以，文化是一个人类学概念。在西方学术界，第一次把文化作为人类学概念作系统表述的，是英国学者泰勒（1832—1917），他在《原始文化》一书中写道：“文化或文明，就其广泛的民族学意义来说，乃是包括知识、信仰、艺术、道德、法律、习俗和任何人作为一名社会成员而获得的能力和习惯在内的复杂整体。”③ 这个定义，至今仍为人类学界所普遍接受。后来不同学派的各种定义，常常是对泰勒定义的补充或修正。

文化作为一种历史性的概念，它反映的是人类从野蛮走向文明的

---

① 〔德〕E. 卡西尔，甘阳译：《人论》，上海译文出版社 1985 年版，第 34 页。

② 〔美〕L. A. 怀特，曹锦清等译：《文化科学——人和文明的研究》，浙江人民出版社 1988 年版，第 31—32 页。

③ 转引自庄锡昌等编：《多维视野中的文化理论》，浙江人民出版社 1987 年版，第 99—100 页。

过程，在本质上这是历史性的实践过程。文化就是人改造自然和社会的实践过程及其成果。就此而言，文化作为人类创造性实践过程和产物，实质上包含三部分内容，即由人在实践过程中创造的物质文明成果、精神文明成果和人的创造性智慧能力。在这个意义上说，文化是人类摆脱野蛮、原始状态，逐步走向文明的一种生活状态，文化是文明与野蛮相对的概念，是人类进步的一种历史性标志。

第二，文化是人类特定经济基础之上的思想精神上层建筑。

在马克思主义看来，所谓文化，在本质上是人类的一种特殊精神生活。而这样的比较高级的精神生活，必然是以一种比较高级的物质生产力发展水平为基础的，即在这样的经济基础之上产生的精神的上层建筑。比如说，由于工业革命，使社会的生产力发展到了相当高的水平，因而人也就随着在精神上获得了一定的解放，于是就产生了对精神生活的需要，而这恰恰就成为人类文化形成和发展的根本动力。关于这个问题，恩格斯曾经说过："正是由于这种工业革命，人的劳动生产力才达到了相当高的水平，以致在人类历史上破天荒第一次创造了这样的可能性：在所有的人实行明智分工的条件下，不仅生产的东西可以满足全体社会成员丰裕的消费和造成充足的储备，而且使每个人都有充分的闲暇时间去获得历史上遗留下来的文化——科学、艺术、社交方式等等——中一切真正有价值的东西。"[①]

人只有有了"充分的闲暇时间"，才有可能去创造文化和获得文化。而这样的闲暇时间，则必须以一定高度的生产力发展水平为前提。正是在这个意义上，我们可以说，作为一种精神生活，文化是人类社会生产力发展到一定历史水平的必然产物。也正是在这个意义上，我们应该说，文化是人类社会生产力发展水平的一种特殊表现形式。要建设社会主义的文化，就必须真心实意地去发展社会生产力。

① 《马克思恩格斯选集》第 3 卷，人民出版社 1995 年版，第 150 页。

同样道理，人类社会摆脱野蛮走向文明，即社会文明水平的提高，归根到底决定于社会生产力水平的提高。这就是说，文化是人类社会生产力发展到一定水平上的精神文明产物——社会的思想精神上层建筑。

第二，文化是人类一种特殊的思维方式。

就其本质而言，文化是一种哲学概念。在马克思主义哲学看来，文化作为一种人类社会精神文明形式，是属于社会的上层建筑范畴的，因而文化是对社会的经济基础的一种反映形式。这就是说，上层建筑中的政治、法、哲学、宗教、文学、艺术等的精神文明形式的形成和发展都是以经济发展为基础的。所以，作为观念形态的文化，是人的头脑对整个客观世界——包括自然界、社会和人本身——的一种反映。这就决定了文化的内涵具有丰富、广泛、复杂的内容，当然，也就会有不同的表现形式。

由于人们所生活的社会环境，即在他们的不同政治体制和基本制度、不同的宗教信仰以及特殊的物质生活条件基础上，就逐渐形成了不同的思维方式。这就是说，文化实质上是一种思维方式。比如说，东方人与西方人，由于一些历史原因，往往具有明显不同的思维方式，这些不同的思维方式是以不同的文化形式表现出来的。

在现代社会中，人们的不同思维方式，实际上是对其所依以生存的社会基础——经济体制、政治体制的反映形式。正是在这个意义上，我们可以说，文化具有明显的意识形态性质，因此，加强马克思主义意识形态建设，是社会主义文化健康发展的重要保证。

第四，文化是社会的一种软实力。

软实力（即文化软实力），是 1990 年美国哈佛大学教授约瑟夫·奈首先提出的。它指的是与军事权力、经济权力等硬实力相提并论的文化的力量。文化之所以是一种软实力，是相对于国内生产总值、城市基础设施、交通建设等硬实力而言的，是指社会的价值观念、社会制度等因素的影响力和感召力，它对整个社会发展具有潜移默化的力量。

文化作为一种社会的软实力，体现在社会生活的各个领域中，当然，归根到底要具体反映在社会成员个体的人的能力中。正是在这个意义上，英国一位思想家给文化下了这样一个定义："文化是发展和提升人类才能的过程，这个过程通过吸收学术和艺术作品而得到推动，并与现时代的进步性有联系。"① 实践证明，社会成员的文化能力的增强，对整个社会文化软实力水平的提高，具有决定性的意义。

具有什么样的文化软实力，对于社会和国家，意义十分重大，就是对于每个人来说，也是很重要的事情。比如说，思维能力、沟通能力、表达能力等文化能力，在现实生活中的作用是无法估量的。所以，增强文化软实力，对于提高全社会成员的素质，增强人们的创造实力，具有不可忽视的意义。

随着社会主义改革开放的深入发展，文化软实力的特殊作用越来越引起我们的重视。所以，党的十七大的报告中，明确提出了"坚持社会主义先进文化前进方向，兴起社会主义文化建设新高潮，激发全民族文化创造活力，提高国家文化软实力"的指导方针。党的十八大以来，明确地把增强文化软实力的问题提到了整个国家文化建设的战略高度。

第五，文化是思想的语言表现形式。

人类创造了文化，特别是观念形态的文化，作为一种特殊的意识形态，作为一种软实力等，其存在本身并不是目的，而是要产生其影响力。在现实社会中，文化的影响力存在于它更深层次的决定性因素中，这种决定性的因素，就是文化的灵魂——思想。

---

① 〔英〕约翰·B. 汤普森著，高铦译：《意识形态与现代文化》，译林出版社 2012 年版，第 139 页。

思想是一把锋利的刀，是一个尖锐的锥子，它无孔不入，无所顾忌，不惧权威，在它面前没有什么唯一的、永恒不变的、神圣不可侵犯的东西！这也是文化具有强大精神力量的根本原因之所在。

思想是决定各种文化形式的本质内容。但是，并不存在某种赤裸裸的所谓思想，任何一种思想都必然要以一定的形式即载体表现出来。这个载体主要是语言（以及文字、符号）。任何一种文化，都必须靠语言文字来表达、传播。这是由语言的本质和功能决定的，马克思恩格斯说："语言是思想的直接现实。"①正是在这个意义上我们说，文化是思想的语言表现形式。

在现实生活中，人们的文化水平必然要借助于一定的语言文字表达才能反映出来。对于一个人来说，他的文化水平归根到底取决于他的思想的深刻性，但是，如果没有准确、科学的语言表达，这是很难实现的。这就是说，人们的文化能力是他们的意识形态话语权的基本要素。

思想性，作为文化所反映出的人类文明的本质特征，正是现代社会教育必须追求的基本目标。正是由于深刻的思想性，文化在社会公众的生活中具有比其他意识形态形式更加广泛的影响，所以，在发挥文化作为意识形态一种独特形式作用的影响过程中，能够显示出它的特殊价值。

第六，文化是人对自身解放和自由不断追求的一种能力。

在一定意义上说，人类的文明程度是随着人的需求水平提高而不断提高的。马克思说过，人类"在文化初期，已经取得的劳动生产力很低，但是需要也很低，需要是同满足需要的手段一同发展的"②。他还说，人的需要"不是纯粹的自然需要，而是历史上随着一定的文化

① 《马克思恩格斯全集》第3卷，人民出版社1961年版，第525页。
② 《马克思恩格斯全集》第23卷，人民出版社1972年版，第559页。

水平而发生变化的自然需要”[1]。这说明，人类社会的发展，从根本上说是物质生产力的发展，但是，在其更高层次上，却反映为一种文化水平的发展。

那么，对文化发展水平不断提高的这种需求的实质是什么呢？人类文明发展的实践证明，归根到底是人对自身解放和自由的一种追求。对此，恩格斯明确地说过：“自由是在于根据对自然界的必然性的认识来支配我们自己和外部自然界，因此它必然是历史发展的产物。最初的、从动物界分离出来的人，在一切本质方面是和动物本身一样不自由的；但是文化上的每一个进步，都是迈向自由的一步。”[2]

文化作为人对自身解放和自由的追求，这个问题的实质，是人的价值意识反映。从意识形态的构成来看，它是以一定思想为基础的价值观，这就是说，作为一种意识形态的文化，是特定的价值观体系，或者说，价值观是文化的核心内容。所以，在社会主义文化教育中，我们必须十分重视思想价值观的教育。

二、意识形态与政治文化

在人现实社会生活中，政治和政治意识是人们对于生活于其中的社会群体根本利益的集中反映。因此，在一般的意识形态中，政治和政治意识是具有决定性意义的因素。根据意识形态的这一本质特征，我们可以把意识形态称为政治意识形态，因此，意识形态本身可以说就是一种政治文化。文化教育的实践证明，意识形态的功能发挥，比如说灌输、教育、传播等，通过政治文化这种特殊的形式来实现，能够发挥出它作为意识形态的特殊作用。

“政治文化”概念的形成和传播有很长的历史时期。据有关文献

① 《马克思恩格斯全集》第 47 卷，人民出版社 1979 年版，第 52 页。
② 《马克思恩格斯选集》第 3 卷，人民出版社 1995 年版，第 456 页。

记载，早在18世纪的著作中就已经出现了。列宁早在1920年就使用过这个概念，他在谈到革命的教育不能脱离政治，而是要通过政治教育，使群众与旧习惯、旧风气、旧思想决裂的问题时说道："政治文化、政治教育的目的是培养真正的共产主义者，使他们有本领战胜谎言和偏见，能够帮助劳动群众战胜旧秩序，建设一个没有资本家、没有剥削者、没有地主的国家。"[①]可以看出，列宁所使用的"政治文化"这个概念，与政治教育具有大体上相同的意义。应该看到，在目前的有关学术研究中，"政治文化"已经不仅仅是个简单的教育概念了，而是具有了越来越广泛的含义。我们可以对政治文化的实质做出如下的概括。

所谓政治文化，是现代社会政治化的产物，它包括一定社会中某个政治共同体成员思想中那些比较稳定的、系统的政治信念、政治目标、政治行为规范等政治意识内容。在政治文化中，实质的内容是意识形态。这主要是由于，在一定的政治共同体中，政治文化也是其成员为保持或者为改变某种社会政治制度，而形成的具有支配性质的集体政治取向模式；在其现实形态上，政治文化还包括体现一定政治主张的政治制度、社会政治体制以及国家政治制度等，这些内容也可以称为制度文化，它是政治文化中带有政治实体附属物的一些特殊部分。可见，意识形态是政治文化中观念性的核心内容。

作为政治文化的意识形态，主要是政治意识形态，它的突出特点是强烈的鲜明的政治倾向性。作为文化主体的社会共同体成员，一般来说都具有明确而坚定的政治态度，而对于异己的政治主张，则会表现出自觉的排斥性。这实质上是对自身所依存的社会政治制度的一种主观定向反映。作为政治文化的意识形态的主观定向，对于维护或者推翻一种政治制度，是一种巨大的精神力量。

---

① 《列宁选集》第4卷，人民出版社1995年版，第306页。

作为政治文化的意识形态，突出地显示了一般意识形态的社会认同性质。这样的认同意识能够使社会共同体成员表现出对事业的信任感和集体忠诚。政治文化的这一特点，集中反映在对国家的认同上，而对国家的认同、信任、忠诚，会使国家成为一种意识形态力量。一旦国家成为独立于社会的政治实体，它所表现出的意识形态力量，就具有了更加明显的甚至是纯粹的政治性质。在近代以来的政治史上，所谓“国家主义”的意识形态，就是一个典型例子。

与政治文化的认同意识相联系的，是作为政治文化的意识形态，还能够形成共同体成员以集体信念为基础的强烈政治参与意识。由于政治文化的意识形态灌输，共同体成员的政治参与意识实质上反映出了人们对共同的政治目标、政治意图等的一种集体性追求意识。事实证明，作为政治文化形式的政治宣传、政治鼓动等，对于社会政治民主化的进展，是一种不可忽视的意识形态力量。

三、意识形态与传统文化

文化作为人类文明发展过程中的一种精神积累，是人的智慧的结晶。这就决定了，一般的文化都具有历史的性质，具有相对稳定的特点。所以，文化本身是人类历史传统的一部分，也可以说，文化就是一种传统，文化的力量就是一种传统的力量。正是在这个意义上，我们可以说，文化的传播、发展、灌输等，是进行传统教育的一种基本形式。当然，作为文化的这方面表现形式，主要是传统文化的教育。在这一点上，文化的教育功能与意识形态的教育功能是相通的，互相联系着的，而意识形态与传统文化的结合，则能够在整个社会教育过程中显示出其特殊价值。

什么是传统文化？这个概念实际上是由两部分组成的，即“传统”和“文化”，即具有传统性质的文化。什么是传统？通常所谓传统，是个时间概念，是个历史概念，它表示了那些过去时代传承下来的道德、思想、制度等有价值的因素，实质上这也就是我们所谓传统文化的基本要素，或者说，传统就是一种文化形态。所以，传统的实质内容也就是传统文化。

传统文化是一个肯定性的概念，它以各种不同形式，积累了大量的积极文化成果，形成了世界上的优秀传统文化。各个民族的传统文化，是人类文明发展的宝贵财富，所以，我们应该充分发掘传统文化中那些有价值的因素，在现代社会的公民文化教育中发挥积极的作用。在这方面，我们主要是着眼于中国的优秀传统文化，以各种有效的形式充分发挥中华传统文化的教育作用。在这方面，我们已经取得了很大成绩，这对于马克思主义意识形态建设，在推动社会主义文化教育的过程中，贡献巨大。

就一般文化的复杂性来说，传统文化在现实的社会生活中，常常也会表现出比较复杂的性质和特殊的社会功能。这其中的一个特点，就是由于它常常是与特定的社会制度、政治秩序等互依，因而在社会生活表现为一种传统的政治力量，成为社会政治发展中一种稳定的社会精神力量；但是，这样的意识形态特点，常常会使传统文化表现出一种保守的性质。当然，文化的保守主义性质，并不完全是一种消极因素，在肯定的意义上说，保守主义文化对于特定社会政治体制的稳定发展是有价值的。比如说，我国的传统政治文化，与相应的社会制度的发展是相互制约的。在现代社会的发展中，对传统政治文化的意识形态功能性质，需要从实际出发，进行具体分析。这其中的一个重要问题，就是要防止传统文化在一定条件下显示出其消极作用，同样地，要创造条件发挥好它的积极作用。

在研究传统文化各种特殊性质和复杂功能的时候，还有一个重要问题需要认真研究，这就是不同地域、国家、民族、社会中的传统文化，具有不同的历史特点。所以，在不同传统文化的比较研究中，能够在它们的异质性及其互相关系中，对传统文化的教育价值，有更加深刻的认识。这里，我们主要对西方传统文化和中国传统文化进行一些比较研究。

在西方社会中，一般的传统文化是基督教文化占有主导地位。与一般的宗教一样，基督教也具有大多数宗教所具有的消极社会作用；但是，在历史的起源上，基督教具有反对专制主义政治的特点，并且它与近代科学的兴起有共同的历史渊源。西方文化在民主政治和近代科学的发展上，曾经起过肯定性的历史作用。据文献资料显示，基督教对近代大学的兴起有不可忽视的历史贡献。所以，在研究传统文化的教育问题时，我们不但要批判其宗教信仰中的消极文化影响，同时，也应该批判地借鉴西方文化的这些长处。

在中国历史上，传统文化是以儒家思想为基础的。所以，中国的传统文化，主要是对儒家的政治、道德、制度等思想体系的一种传承，它是政治制度合法性的一种文化根据。比如，在儒家的政治学说中，对夏后启废除禅让而实行世袭制度进行了合法性论证，于是“家天下”就成为一种所谓“正统”。在儒家文化中，还有一些它特有的传统的文化要素，比如忠、孝、仁、义等。一般所谓中国的传统文化，从本质上可以说就是儒家文化，而儒家文化中，政治、道德因素占主导地位。这是中国传统文化中的重要价值。当然，在以儒家思想为核心的中国传统文化中，那些消极因素，是我们在进行传统文化教育过程中必须加以克服的因素。

在研究中国传统文化的特殊性问题时，还应该特别注意的是，作为一种特殊的思维方式，中国传统文化有自己的本质特征，主要是它善于从宏观上思考问题，有比较高远的思想视野，胸怀广阔。这是中国传统文化一个很大的优点，必须继续发扬。但是，如果仅仅重视这个特点，往往会走向自己的反面，这就是中国传统文化常常表现出一种大而化之的毛病，缺乏科学的精确性。所以，在运用中国传统文化进行教育的过程中，在思维方式上要保持其宏大的理论视野，同时，也要注意培养严格、准确的精神，把我们的传统文化改造成为更科学的现代文化。这对于我们的文化教育，将会产生深远的积极影响。

四、意识形态与信仰文化

如前文所述，意识形态是一种信仰的意识形式。关于什么是信仰的问题，美国学者布鲁斯·拉西特等的研究认为，所谓“信仰体系是由一系列意象组成的，这些意象构成了一个完整的个人世界。它们包罗万象，既有过去、现在的看法，又有对将来可能性的期望，以及‘应该具有的’价值取向”①。在这里，他们把意识形态与信仰的因素联系起来，这对我们从一个方面来了解究竟什么是意识形态这个问题，特别是在研究作为信仰文化的意识形态的教育意义问题时，是个很有价值的思想。

那么，什么是信仰或者信仰文化呢？对此，国内外学术界进行过长期的研究，不过对信仰概念的界定、对信仰的对象问题等，还是有些认识上的分歧的。这里，我们把已有的研究成果做一些概括介绍，并提出我们的理解。

我国学术界对作为一种文化形式的信仰，从不同的角度进行了研究，对信仰的基本含义和本质，做了各种界定。究竟什么是信仰？比较典型的说法，认为信仰是人的一种自我超越，“所谓人的自我超越性，是指人对自身现实存在之超越的一种永恒的努力和冲动”。所以，“信仰正是一种超越有限追求无限、超越匮乏追求完满、超越偶然追求确定、超越现实追求理想的活动。在某种意义上可以说，信仰

① 〔美〕布鲁斯·拉西特、哈维·斯塔尔著，王玉珍译:《世界政治》，华夏出版社2001年版，第241页。

的本质和人的自我超越性是直接同一的。人正是借助于信仰活动而实现自我超越，信仰也据此成为人之区别于动物的特有的和最高的精神标志”[①]。还有一些学者认为，信仰是人的思想道德的灵魂，是一种最高的精神追求，信仰是人们通过实践而产生的认识、感情、意志的产物，它蕴藏在人的心灵深处，并表现为人的价值观、人生观、世界观。这就是说，信仰既具有现实性又具有理想性，是以生活实践为现实基础的一种人生理想形式。所以，一般来说，可以通过人的信仰状况，看出他的基本道德和精神面貌；同时，信仰也是人的实际文化水平的一种内在决定性因素。正是在这个意义上，我们称为信仰文化。

西方学术界有一种观点认为，所谓信仰是“指在无充分的理智认识足以保证一个命题为真实的情况下，就对它予以接受或同意的一种心理状态。信仰显然是一种由内省产生的现象，它或者是一种智力的判断，或者如18世纪苏格兰不可知论者D.休谟所主张的，是有别于怀疑感觉的一种特殊感觉。信仰因其肯定的程度不同而有所差别。如推测、意见或坚信。只有在对信仰者来说一个命题显然是真的时，信仰才能变成知识。相信某人或相信某件事，与相信某一命题是真实的，是基本上不相同的两回事”[②]。

在现代文明社会中，人的信仰本质上是他对自己所认定是高尚、善良之类的理想状态的真挚追求。而这样的理想性质的精神追求，是人们的权利，所以，任何一种信仰都是自由的。比如说，在现代社会中，人们都享有宗教信仰自由的权利。这就是说，政治专制主义与信仰——个人对自己的理想信念的自由追求，在本质上是敌对的事情。所以，在政治专制制度中，人们是没有信仰自由的。再进一步说，人

① 荆学民:《现代信仰学导引》，中国传媒大学出版社2012年版，第21—23页。

② 《简明不列颠百科全书》第8卷，中国大百科全书出版社1986年版，第659页。

们的信仰是一种没有私心杂念的信念，所以，信仰应该是人们对真理的一种自由的追求，因为只有那些在内心深处有真挚信仰的人，才能勇于认清客观事物的本来面目，而这恰恰是追求真理的真实思想品格。正是在这个肯定的意义上说，一个没有信仰的人，实际上是没有灵魂的人，而没有灵魂的人，则是靠不住的人。这一点，从社会主义革命到社会主义建设，是被大量事实证明了的一个政治生活真理。

对崇高思想道德追求所表现出的杰出信仰，是一种伟大的精神力量。这正是我们努力进行信仰文化教育的一个重要目的。事实证明，在建设中国特色社会主义事业的历史进程中，与加强马克思主义理论学习的同时，有目的地进行高尚信仰的文化教育，这对于推进意识形态建设，具有深远的意义。

第八讲　意识形态异化的扬弃和人的解放

意识形态的真正主体是人，是人创造了意识形态，但是，意识形态往往又成为对人的一种精神束缚，或者说，在某种条件下，意识形态会以自己的特殊方式，加强国家这个特殊的意识形态客体对人的压迫，这就是意识形态的异化。这样的情况，在前资本主义时代和资本主义时代，是一种本质性的存在。因此，在马克思恩格斯的共产主义学说中，人的解放问题，就成为他们的意识形态研究的最高真理。什么是马克思恩格斯所说的“人的解放”？概括地说，就是人切实地被作为人来对待，人真正成为社会、国家的本位性质的主体，他们是社会活动和国家行为的目的，而不是工具或者手段，在未来的理想社会制度中，人作为独立自主的个体，应该获得自由而全面的发展，等等。人的解放的这些主要价值目标体现在人的解放的不同阶段。人的解放是一个漫长而曲折的道路，但却是一条不断前进的历史进程。在人类文明发展的这个长途中，人如何在意识形态异化的扬弃过程中不断地获得解放，是马克思主义意识形态理论研究的一个重要课题。

一、人的解放的基本条件和历史进程

在马克思主义看来，人是根本，人是中心，人是目的，人是最高的价值主体，所以，人的解放是最高的价值目标，甚至可以说具有最终的意义。但是，人的解放又是一个最复杂的问题。因为，人要获得最终解放，必须排除各种障碍，付出巨大的代价，才能真正实现。这其中，包括需要解决一系列的意识形态理论难题。这一点，在人的解放的基本条件和历史进程的研究中，我们能够得到更加深刻的认识。

我们所研究的人，是具体的、现实的生命个体，是正在从事实际活动的个人，这样的人的生存和活动，必须具有相应的主、客观条件。逻辑的结论是，人的解放必然取决于这些社会条件的发展成熟程度。任何人都是特定社会关系的产物，人的本质是现实社会关系的总和。所以，人所依存的现实社会关系的改造，是人的解放的现实基础，也是人的解放的根本途径。

这里所说的现实社会关系，是指以生产关系为基础的各种各样的社会关系，这其中，作为根本的当然是社会的生产关系，在现实的生产关系中，具有决定性作用的人的劳动关系，其他社会关系主要的还有，如社会的政治关系，即公民、社会、国家的关系，作为意识形态的人的思想关系，等等，它们分别属于社会的经济基础和上层建筑。人的真正解放，自然要从彻底改造这些社会关系开始。社会关系的革命性改造，对于人的解放来说，是一个艰巨的历史任务。这其中，作为上层建筑的意识形态的改造，主要就是指对在资本主义时代及前资本主义时代中那种意识形态异化的扬弃。

经过漫长的历史发展，主要是随着物质生产力水平的不断提高，人类社会开始由原始野蛮状态进入初期文明状态——以财产私有制为基础的阶级社会，即奴隶制社会、封建制社会、资本主义社会。这三种社会形态，就其文明发展程度来说，是有差别的，依次由低级向高级发展，离开原始野蛮状态越来越远了，并且为更高的社会文明不断地奠定了物质、精神基础。但是，在这三种社会形态中，从根本上来说，仍然具有野蛮时代的本质特征，这就是人由直接对人的依赖，变为通过物作为中介而依赖于人，也就是说，人实际上成为物的附属物，这就是所谓劳动异化。劳动异化，在资本主义生产关系中表现为各种形式的拜物教，所以，在劳动的异化中，就可以看得比较清楚。历史已经表明，推翻资本主义生产关系，生产者掌握了生产资料，人成为自己的主人，人获得了又一次历史性的解放。这个时期，社会从资本主义生产关系转变为社会主义生产关系，实现了劳动异化的扬弃，人开始从各种各样拜物教的束缚中解放出来，人的解放由此进入了一个新的伟大历史时期。

在全世界的历史发展过程中，资本主义社会转变为社会主义社会，实质上是以生产关系的转变为基础形成的社会制度的转变。这是人类社会发展中的一次历史性的飞跃，从而开辟了人的解放的新阶段。在社会主义的生产关系和社会制度中，由于摆脱了资本主义生产关系和社会制度中人的各种异化状态，人的解放进入了一个完全新的历史时代。但是，任何一种生产关系和社会制度，其性质都不可能是纯粹的、绝对的，而必然带有各种历史的遗留物，这其中包括旧的意识形态因素。由此就决定了作为文明发展的高级阶段，人的解放仍然有着需要解决的若干重大问题。所以，社会主义社会必定要在不断地改革中向前发展，继续解决人的解放过程中所要面临的各种新问题。

中国在20世纪50至70年代这个时期中，由于意识形态上极左教条主义指导思想的干扰，我们在探索人的解放问题上，曾经走过一条艰苦曲折的道路。“文化大革命”结束后，中国人民和中国共产党痛定思痛，在总结经验教训的基础上，决心进行全面的社会主义改革，而这个历史性的改革，则是以意识形态改革拉开序幕的。中国全面的社会主义改革，体现了当今时代发展的主流，这就是人的主体性的复归，人的真正解放。中国社会正在发生极为深刻的变革，而这个空前的社会变革的灵魂，就是人的主体性的空前彰显，归根到底是人的真正解放。

什么是人的真正解放？在马克思看来，就是以共产主义取代资本主义。他指出：“共产主义是对私有财产即人的自我异化的积极的扬弃，因而是通过人并且为了人对人的本质的真正占有；因此，它是人向自身，也是向社会的即合乎人性的人的复归，这种复归是完全的复归，是自觉实现并在以往发展的全部财富的范围内实现的复归。这种共产主义，作为完成了的自然主义，等于人道主义，而作为完成了的人道主义，等于自然主义，它是人和自然之间、人和人之间的矛盾的真正解决，是存在和本质、对象化和自我确证、自由和必然、个体和类之间的斗争的真正解决。”① 那么，这些矛盾的真正解决的条件和目标是什么呢？这就是建立起一种自由人的联合体，在这样的联合体中，“每个人的自由发展是一切人的自由发展的条件”②。

在人的解放的这些社会条件中，具有基础性质的条件，是旧生产关系的彻底改造，即由劳动异化的扬弃，实现人的劳动解放；国家政治体制的彻底改造，由权力异化的扬弃，实现人的政治解放；由意识形态异化的扬弃，实现人的思想解放，这其中，还有一个就是彻底摆脱拜物教的束缚——意识形态异化扬弃的基本形式，回归以人为本这一人的解放的最高价值目标，这是整个社会改造的基本精神条件。根据本文主题的要求，我们这里主要研究的是后一个问题，即意识形态异化的扬弃与人的思想解放。这个问题之所以十分重要，因为人的思想解放是人的解放的精神基础。

二、意识形态异化的扬弃：人的思想解放

——以宗教的意识形态异化之扬弃为中心的研究

在人的解放问题中，人的思想解放是一个必须认真研究的大问题，而这个问题与意识形态理论有着密切的联系。这里需要特别指出的是，在当今社会的现实生活中，与各种各样的意识形态相比，宗教

① 《马克思恩格斯文集》第 1 卷，人民出版社 2009 年版，第 185 页。
② 《马克思恩格斯选集》第 1 卷，人民出版社 1995 年版，第 294 页。

这种意识形态对社会公众的影响和作用，可以说是很广泛的，甚至是很深刻的。所以，通过对宗教这种意识形态与人的解放的关系的研究，作为这个问题研究的一个重要切入点。

作为意识形态的价值观的复杂性在于：价值判断的主观性和客观性并存，导致了一些人在价值观上的双重性，因此，在某些情况下，就可能出现意识形态上的“虚假的自我”！这个问题，在资本主义时代表现得尤其突出，这就是以宗教意识为主导的意识形态异化，使人丧失了自我，人完全没有了自我意识，完全失去了积极的主体性。这个问题的实质是人的思想异化，而不解决这个问题，即没有思想解放，人是不可能获得真正解放的。

马克思认为，宗教意识形态异化的扬弃，即意识形态异化的消除，就是人的思想解放。实践证明，思想的解放，是人的解放的精神基础，从而成为人的真正解放的前提。这就是说，人的真正解放，就是从异化了的意识形态的束缚中解放出来，获得真正的思想解放。关于这个问题，马克思在宗教意识形态的批判中，深刻阐述了他的人的解放的思想。

马克思指出：“反宗教的批判的根据是：**人创造了宗教**，而不是宗教创造人。就是说，宗教是还没有获得自身或已经再度丧失自身的人的自我意识和自我感觉。但是，**人**不是抽象的蛰居于世界之外的存在物。人就是**人的世界**，就是国家，社会。这个国家、这个社会产生了宗教，一种**颠倒的世界意识**，因为它们就是**颠倒的世界**。”[①] 马克思还明确指出，宗教意识形态使人丧失了自身作为人的本质，即人是怎样在宗教意识中被异化的。马克思在揭示宗教的本质时还指出：“在宗教中，人的幻想、人的头脑和人的心灵的自主活动对个人发生作用不取决于他个人，就是说，是作为某种异己的活动，神灵的或魔鬼的活动

---

① 《马克思恩格斯选集》第1卷，人民出版社1995年版，第1页。

发生作用”[1]。就此，他继续写道：“宗教是人的本质在**幻想中的实现**，因为**人的本质**不具有真正的现实性。因此，反宗教的斗争间接地就是反对以宗教为精神**抚慰的那个世界**的斗争。”[2]对宗教意识形态异化的扬弃，即反对宗教的斗争，实际上就是反对旧的社会制度的斗争，这是一个艰苦的社会改造运动。

大量宗教信仰现象说明，作为一种意识形态的宗教意识，是人通过自己创造的所谓“神圣形象”，形成人的意识中的自我异化。所以，人的本质在宗教意识形态中的异化，进而实现宗教意识的异化的扬弃，是人的本质的回归，即人的思想的解放。

正反面的经验教训告诉我们，作为人的解放的一个根本性前提——人的思想的真正解放，必须把人从各种意识形态幻想的束缚中剥离出来，从拜物教意识中解放出来，科学地认识人的本质，强调人本身价值的至高无上性。这就是当代社会的思想解放，归根到底这也就是人的解放的一个根本途径。对此，马克思曾经深刻地指出过：“只有当现实的个人把抽象的公民复归于自身，并且作为个人，在自己的经验生活、自己的个体劳动、自己的个体关系中间，成为类存在物的时候，只有当人认识到自身‘固有的力量’是社会力量并把这种力量组织起来因而不再把社会力量以政治力量的形式同自身分离的时候，只有到了那个时候，人的解放才能完成。”[3]应该承认，马克思早期的这个论断，是有相当多的理想色彩的，但是，作为人的解放的基本方向来说，则仍然是有理论价值的。

马克思在对宗教的批判中指出，宗教问题的根源在政治，也就是说，宗教神学对人的压迫不过是政治压迫的表现形式。所以，“**真理的彼岸世界**消逝以后，**历史的任务**就是确立**此岸世界的真理**。人自我异化

① 《马克思恩格斯文集》第 1 卷，人民出版社 2009 年版，第 160 页。
② 《马克思恩格斯选集》第 1 卷，人民出版社 1995 年版，第 1—2 页。
③ 《马克思恩格斯全集》第 3 卷，人民出版社 2002 年版，第 189 页。

的**神圣形象**被揭穿以后，揭露具有**非神圣形象的**自我异化，就成了为历史服务的**哲学**的迫切**任务**。于是，对天国的批判变成对尘世的批判，**对宗教的批判**变成**对法的批判**，**对神学的批判**变成**对政治的批判**”[①]。

现实社会中的宗教批判与政治批判的关系，实际上关系到人的政治解放，归根到底关系到人的真正解放问题。这里的所谓政治批判，就是对作为社会力量即异化了的国家制度——统治者的权力的异化的扬弃。权力的异化的扬弃是人的政治解放，实质上就是人的真正彻底解放。以资本主义制度为例，社会的各种主要的权力关系都是颠倒着的，这种颠倒着的权力关系，实质上就是一种权力的异化。在一定意义上说，推翻资本主义制度，就是把颠倒着的权力关系颠倒过来，即对资本主义社会权力的异化的扬弃。

当然，社会主义社会的建立，并不等于人的解放事业的最后完成，实际上只不过是人的真正解放事业的开始，因为在各种领域中还有许多艰难的事情需要做。这其中，经济体制改革——劳动异化的扬弃——实现人的劳动解放；文化体制改革——意识形态异化的扬弃，实现人的思想解放；政治体制改革——权力异化的扬弃，实现人的政治解放。这几个环节是互为条件的，而其中的政治体制改革，是消除权力异化的关键环节，是实现人的政治解放的根本途径，在所有的环节中，这是一个关键环节，因为对权力的异化的扬弃，涉及社会不同权力主体的尖锐利害冲突，因而需要经历相当长的，甚至是反复的艰苦努力。

三、彻底破除拜物教意识，确立以人为本
——人的价值的真正实现

在人类对自身价值的认识过程中，经过一些比较深刻的转变，使

① 《马克思恩格斯选集》第1卷，人民出版社1995年版，第2页。

人们逐渐认识到，这其中的一个关键环节，就是把“人”从“物”中分离出来，使人具有在根本上不同于物的价值。这个过程的实质就是从拜物教意识到“以人为本”理念的意识形态转变，而这个具有根本性质的转变，则是人对自身的异化的扬弃。为此，我们需要对拜物教意识的实质有一个比较深入的研究，以深刻认识其危害，从而摆脱拜物教意识的束缚，探索人的价值真正实现的基本途径。

所谓拜物教意识，核心的内容就是人本身的异化，或者简单地说，就是人的异化。作为人的异化的思想产物，在拜物教者的心目中人是物的奴隶，这就是说，拜物教意识的核心是人对物的崇拜。所以，拜物教意识与人本意识相对立，也就是一种物本意识，或者说是一种人的物化意识。所以，我们应该彻底破除拜物教意识，确立以人为本的理念，使人的价值得到真正的实现。

作为拜物教对立物的“以人为本”理念的实质和意义是什么呢？这需要从“以人为本”的本义和实质开始研究。“以人为本”的本来意义可以概括如下：

第一，“以人为本”就是以人为根本，就是以人为中心。

在马克思看来，人是整个社会、整个国家的根本，而“人的根本就是人本身”“人就是人的世界，就是国家、社会”。（马克思语）这就意味着，人本身具有最高的价值，人是最高的价值主体。所以，我们今天强调“以人为本”的理念，这就是要求人们更加充分认识到，在社会主义社会中，保护人的生命，保障人的幸福，促进人的发展，无论是对于国家还是对于政党来说，都是第一位的任务。或者也可以这样说，我们的一切纲领、政策，都必须以人为中心，以人为根本，而且归根到底都是为了人的幸福这个最高宗旨。

第二，“以人为本”就是要确立这样的理念，即不论是谁在任何时候都不应把自己和他人视为工具，而应该永远把人自身看作目的——“人是目的”。

康德当年提出的“人是目的，不是手段”这个命题的本意，就是必须把人当作人来对待！这在今天看来，只不过是一个平凡的真理而已，但是，在康德的那个年代，它却有着革命性的启蒙意义。

在当代中国，要真正推动改革开放的历史进程，也必须伴随着一个思想启蒙运动，而思想启蒙的核心问题，就是继承历史上启蒙运动的传统，进一步提高对人的价值的认识。在这方面的一个突出成果，就是“以人为本”理念的明确提出。在改革开放的今天，提出“以人为本”，是很有现实意义的。随着现代政治文明的发展，我们越来越清楚地认识到，保护人的生命、保障人的幸福、促进人的自由全面发展，无论是对于国家还是对于政党来说，都是第一位的任务。也就是说，我们的一切纲领、政策，都必须以人为目的，归根到底都是为了人，为了人的幸福。同时，坚持“以人为本”的理念，对于建设社会主义的法治国家，提高我国社会的文明水平具有深远意义。

把人作为中心，作为根本，作为目的，作为最高的价值主体，这是“以人为本”理念的核心内容，因而也是“以人为本”与拜物教根本对立的实质。这里的尖锐分歧，是充分重视“人”在整个社会生活中的最高主体地位，还是处处蔑视人、贬低人的人格的问题。也就是说，“人”的地位和价值的问题，应该成为马克思主义意识形态的一个出发点和归宿。这就是我们要系统研究的以人为本的理念——人本哲学，而这个哲学的核心是“人”，是“人的价值”，人是目的。随着现代文明的发展，我们会越来越深刻地认识到，“人”，是现代民主意识、法治意识、市场意识的一个核心概念。很难设想，没有了“人”，我们的研究还有什么意义呢？没有了“人”，我们的努力和奋斗，还有什么价值呢？所以，认真研究“以人为本”理念与拜物教意识根本对立的问题，有着重要的方法论价值和实践意义。

“以人为本”的理念，在以现代民主和法治为基础的文明社会中，越来越充分体现了作为个体的人都是自由、平等的，即每个人都具有独立的权利主体地位；反之，在各种各样的拜物教意识中，作为个体的人应有的主体地位受到贬低，他的自由、平等权利受到蔑视。所以，在对人的不同态度上，“以人为本”理念与拜物教之间的对立，实质是自由平等的主体意识与等级特权之类“官本位”意识的根本对立。所以，坚持以人为本理念，清除各种形式的拜物教意识，是探索人的政治解放的一个重要思想基础。

坚持“以人为本”的理念，本质上要求必须尊重人的尊严，这正是与拜物教意识蔑视人的价值的一个本质区别。这个问题与前一个问题是相联系着的，因为如果从权力拜物教——等级特权意识立场上看人，除了特权者本人之外，任何人都是没有价值的，甚至都是卑贱的，理所当然地要受到蔑视，因而，尊重人的尊严，也就无从谈起了。“以人为本”理念，则与此截然相反：它把人视为最高的价值主体，任何人都没有尊卑贵贱之别，凡是人，都要得到应有的尊重，切实地把人作为人。所以，坚持以人为本，尊重人的尊严，这是现代人类文明的一个基本要求。

社会主义发展中的经验教训告诉我们，逐步完善的社会主义民主政治、社会主义法治、社会主义市场经济体制，是每个人作为人的尊严的根本保障；同样的道理，如果不尊重人的尊严，肆意贬低人的价值，那么，社会主义民主政治、社会主义法治、社会主义市场经济体制的发展，很可能只是一种空谈！中国特色社会主义事业的发展说明，摒弃各种拜物教的影响，切实贯彻“以人为本”原则，这不仅是社会主义民主政治、社会主义法治和社会主义市场经济发展的一个内在要求，而且，也是现代社会中人们的基本政治修养和基本人格修养。

第三，以人为本：现代服务文明的出发点与归宿。

现代市场经济是一种高度发达的服务型经济，日益发展的民主政治，要求一种整个社会的全方位的政治服务。这个问题的实质，就是要求我们的市场、社会、国家，从传统的服务意识转变为现代服务意识，建设一种现代服务文明。什么是现代服务文明？它的实质就是一种“以人为本”的服务意识。这种“以人为本”的服务意识，本质的要求是服务者与被服务者，必须在法律上、政治上、人格上完全平等；在社会主义社会，任何一个人都有权利获得他应有的服务，在被服务的过程中不受任何歧视；任何服务者，都是平等的人，都具有与被服务者平等的尊严。

所谓“以人为本”的服务文明，就是以人为中心，以人为根本，以人为目的的那样一种服务意识。因为人是整个社会、整个国家的根本，人本身具有最高的价值，人是最高的价值主体。所以，我们今天强调“以人为本”的理念，这就是要求人们更加充分地认识到，在社会主义社会中，保护人的生命，保障人的幸福和尊严，促进人自由全面的发展，无论是对于国家、政府还是执政党、社会团体来说，都是第一位的任务，他们为之服务的最高宗旨。这就是说，以人为中心，以人为目的人本哲学——“以人为本”，这其中的“人”应该成为现代服务文明建设的出发点与归宿。

要贯彻以人为本的原则，在世界城市建设中形成现代服务文明，必须实现管理理念的根本转变。在中国专制主义的传统观念中，所谓“官”，就是管人、治人、用人的。从宏观的形式方面来看，比如说，政府工作主要表现为对人的管理，因此，这种专制主义的管理理念一直沿袭在计划经济体制中。一个突出的反映就是，新中国成立后的一个时期里，我们曾经片面地强调“管理也是社教”。在这样的管理理念下，实际上是把人只作为管教和改造的对象，因此，人逐渐成为一种消极被动的客体。在这样的所谓“管理”之中，人的积极主动精神是无从谈起的。这也是“文化大革命”前后一个时期里，国民经济发展滞后甚至到了崩溃边缘的一个症结所在。沉痛的教训说明，这样的专制主义管理理念必须彻底改变，代之以人为本的民主管理理念，也就是要真正树立起“管理就是服务”的理念，即把人作为出发点和归宿的现代服务文明。“以人为本”这个管理理念的根本转变，是马克思主义意识形态的一个重要变革。这个意识形态的变革，不仅体现在一般管理工作中，而且也应该体现在我们的社会实践和理论研究中，特别是应当贯彻在政治体制改革过程中。

作为马克思主义意识形态形式的“以人为本”，也是马克思主义的方法论。这就是说，“以人为本”要求人们在从事任何工作、解决任何问题、研究任何理论的过程中，一定要抓住中心——“人”，否则，就是忘记了根本。忘记了人，就是离开了工作之本，就是离开了工作的中心。同样地，在整个的社会管理工作中，贯彻以人为本的原则，切实把人作为服务对象，整个社会建设把人作为中心，公共设施能够尽量做到人性化，保证都能够体面地进行工作，平等地享有公民权利，自由地安排生活，把为人营造幸福生活环境，作为社会建设的根本目的。这样，每个公民才能真正成为社会的主体、国家的主人，每个人的积极主动精神才能得以充分发挥。所以，真正切实贯彻“以人为本”原则，这就是现代社会发展的真正活力之源。

第九讲 科技革命中的意识形态演变

随着信息技术和通信技术的快速发展，各种最先进的科学技术成果正在迅速扩大到全球各个领域。科学技术和经济的全球化对传统的政治观念带来了巨大的冲击。这种冲击本身造成了复杂的政治意识形态效应，虽然造成了相当一段时间的政治思想观念混乱局面，但是，当代科技发展的作用归根到底具有彻底的革命性质。在科技革命浪潮推动下所形成的意识形态演变，是人类社会在精神文明发展中的一个巨大进步。在这个传统意识形态不断变革的挑战面前，我们必须自觉遵循人类文明发展的根本规律，科学地认识科技革命中的意识形态演变，积极推动马克思主义继续向前发展。对于这一点，邓小平说得非常明确："世界在变化，我们的思想和行动也要随之而变。"[①] 在马克思主义意识形态的研究和思想建设上难道不更是应当如此吗?

一、从传统的意识形态束缚中解放出来

从20世纪中期开始，或者是从第二次世界大战结束以后的相当长的一段时期里，东西方之间处在政治体制和意识形态的"冷战"状态中。于是，资本主义与社会主义在全球的范围内，开始了全面的对抗。"冷战"中政治斗争的焦点，是资本主义和社会主义这两种社会

① 《邓小平文选》第3卷，人民出版社1993年版，第274页。

制度、两种意识形态之间的对抗。在这种全球的政治斗争中，西方资本主义国家对社会主义国家实行了一种遏制的政策，即政治、经济、文化的封锁政策，同时，他们对社会主义国家也进行不同形式的政治、经济、文化和军事的侵略；社会主义各国对资本主义国家的封锁和侵略，进行了坚决的斗争，取得了很大的胜利。中国社会主义事业的发展和成就，就是一个有力的说明。到20世纪80年代末期，“冷战”是逐渐地结束了，但是，两种政治制度、两种意识形态的斗争仍然继续着，而且有时还可能表现得相当激烈。不过，资本主义与社会主义这两种社会制度、两种意识形态，今后将主要是以和平共处的方式，在竞争中发展下去了。在我们这个时代，资本主义和社会主义，究竟是谁战胜谁的问题，对各方面都是一个尖锐的挑战。

那么，解决这个问题的关键何在？事实证明，在当今时代，谁掌握了科技发展的主动权，谁就是胜利者。

在现代社会的发展中，现代市场经济、现代民主政治和现代科学技术特别是高科技，是人类文明进步发展的基本支柱。对这三者的接受能力和实现程度，是对各种经济、政治体制、意识形态的生命力、进步性的一种严峻考验。由于社会制度、意识形态的复杂性，各种经济、政治体制与市场经济、与民主政治的结合，需要有一个历史过程。所以，这里只以科学技术特别是高科技与各种经济、政治体制的结合为例，来说明这个观点。

在说明这个观点的时候，我们不能不指出一个严酷的事实：在发展高科技、增强综合国力、提高国民的富裕程度方面，以美国为代表的西方发达资本主义国家，处在明显的领先地位；而社会主义各国在总体上是落后的，苏联和东欧社会主义国家的解体，则是在极端形式上反映了这个问题。这个问题的实质就是这些国家的传统社会主义经济、政治体制，与科学技术的高速发展之间的矛盾，已经无法解决了。

这个历史现象还反映出了一个重要问题，即对科学技术的发展要求、高科技的特殊价值，发达资本主义国家认识得早些，它们的经济政治体制与科技发展的结合能力强些；相当多的社会主义国家的领导人则认识得很迟缓，而传统社会主义的经济政治体制与科技发展的结合能力弱些。这个事实说明，传统社会主义经济政治体制的致命问题，是它的观念陈旧和机制落后。据说，1989 年苏联领导人戈尔巴乔夫在一次讲话中说："我们差不多是最后一批认识到信息时代，最宝贵的资产是知识的人。"而这是在创造财富的新制度开始出现在美国的 30 年之后的事情了。[①] 这一历史事实说明，思想观念上的落后，与苏联当时高度中央集权的官僚主义政治体制，是互为因果的。

在世界上的社会主义国家中也有例外，这就是中国。中国社会主义现代化的总设计师——邓小平，从 1977 年打倒"四人帮"之后，就及时地提出全党、全国人民都要高度重视发展科学技术，应该认识到科学技术是第一生产力，因此，必须形成"尊重知识，尊重人才"的社会风气。1978 年 3 月，他在全国科学大会上强调指出，四个现代化，关键是科学技术的现代化；1978 年 10 月，他明确要求，要"实行开放政策，学习世界先进科学技术"；1988 年 10 月他指出"任何时候中国都必须发展自己的高科技，在世界高科技领域占有一席之地"。1992 年，邓小平在他的最后一次重大政治行动——视察南方的谈话中，把这个问题提到了社会主义与资本主义竞争的高度来认识，他说："社会主义要赢得与资本主义相比较的优势，就必须大胆吸收和借鉴人类社会创造的一切文明成果，吸收和借鉴当今世界各国包括资本主义发达国家的一切反映社会化生产规律的先进经营方式、管理方法。"在邓小平这些重要思想的指引下，中国在发展科学技术方面取得了巨大的成就，正在向着世界科技大国的目标阔步前进。

---

① 〔美〕阿尔温·托夫勒、海蒂·托夫勒著，陈峰译：《创造一个新的文明　第三次浪潮的政治》，上海三联书店 1996 年版，第 57 页。

中国实行改革开放政策，在发展科技特别是高科技方面所取得的伟大成就这个事实说明，社会主义社会与现代科学技术的发展，并不是不相容的；传统社会主义的经济政治体制，只要按照科学技术发展规律的要求，进行认真的改革，在科学技术发展方面，社会主义肯定会赢得与资本主义相比较的优势。

当代社会主义与资本主义在发展科学技术方面的这种特殊的历史状况，以及发达资本主义国家在发展科学技术方面的相对优势这个事实，对我们实事求是地重新认识资本主义和社会主义及其二者的关系问题，提供了客观根据。社会主义制度本身所具有的优越性，这是无可怀疑的；但是，在反映科学技术发展客观规律要求这方面，传统社会主义制度又暴露出了它的严重的局限性——高度集权的经济政治体制，以及由这种集权体制所形成的官僚主义的管理方式。事实说明，这样的集权性经济政治体制和官僚主义的管理方式，与充满革命精神的科学技术发展，是根本不相容的。所以，对传统社会主义集权性的经济政治体制和管理制度不进行根本的改革，社会主义是没有出路的。邓小平把中国的社会主义改革叫作“第二次革命”，这本身既反映了改革对社会主义发展的重要意义，也说明是不是进行真正的改革，这对社会主义的前途是性命攸关的事情。这就是我们面对蓬勃兴起的科学技术革命浪潮，对社会主义所应当有的一个重大政治意识形态观念变化。

在目前的科学技术发展中，特别是通过发展高科技来增强综合国力方面，一些发达资本主义国家走在了大部分社会主义国家的前边。这个事实能够给我们什么样的启示呢？这说明，资本主义社会的固有矛盾虽然没有消除，但是在面对科学技术发展规律要求这方面，却显示出了资本主义经济政治体制本身的一些长处，即它的分权体制，面对复杂多变的科技发展，有相当大的灵活性，有很强的适应性。这就使资本主义在发展科学技术，特别是发展高科技方面，表现出了它的优越性。在这一点上，我们应当在对资本主义的认识上，有一个政治观念上的转变，要对它进行实事求是的分析。这样，我们在改革开放中，才能借鉴发达资本主义国家的经验。否则，在社会主义与资本主义绝对对立的意识形态观念束缚中，我们的改革开放，是很难迈开大步的。

那么，是否可以得出下述的结论：社会主义是很难发展起来的，资本主义是不能灭亡的。当然不能得出这样简单化的结论。但是，从科学技术发展中资本主义和社会主义所表现出的长处和短处这个重要事实来看，那种认为社会主义很快就会取代资本主义的观念，也是不符合客观实际的。在这个问题上，普列汉诺夫的一个思想观点，对我们是有启发的。据俄罗斯《独立报》发表的普列汉诺夫的“政治遗嘱”中，在关于资本主义和社会主义之间的关系问题上，他阐述了自己的独特见解。普列汉诺夫认为，资本主义是一个灵活的社会结构，它将学会克服各种危机，朝着接受和适应社会主义个别思想的方向运动，因此资本主义不会很快就被埋葬。资本主义会经过许多发展阶段，在最后一个阶段中，资本主义因素和社会主义因素可能长期并存，相互竞争，互为补充。经过一百年甚至几百年，资本主义才会缓慢地、毫无痛苦地自行死亡。[①]

从今天的实际状况看，普列汉诺夫在这个“政治遗嘱”中认为资本主义还要与社会主义经过长期和平共处之后，才能慢慢消亡，这个政治观念是很深刻的。在21世纪——这个高科技发展的时代，将会给资本主义社会经济政治体制注入新的活力这个事实说明普列汉诺夫的政治思想是很有远见的。相比之下，我们一些生活在高科技发展一日千里这样时代浪潮中的人们，在政治观念上比普列汉诺夫还要落后，甚至显得相当僵化。这个事实说明，在高科技发展的今天，如果

① 王敏:《普列汉诺夫的“政治遗嘱”》,《学习时报》2000年4月23日。

不对传统意识形态观念进行变革，我们甚至难以生存下去。

二、高科技时代的政治意识形态转型

在20世纪末，欧美几个主要资本主义国家的新一代领导人——英国首相布莱尔、美国总统克林顿、德国总理施罗德、德国社民党主席拉封丹等，几乎是同时提出了一条同样的政治路线：“第三条道路”。这标志着欧美左派政党在政治意识形态方面一个重大的转变。这一新的政治路线的理论奠基人——英国工党理论家吉登斯出版了《超越左和右》一书。该书的出版标志着英国工党在政治理论上的整体转型。从1995年开始，新政治路线的积极倡导者，当时的英国首相布莱尔，就公开地用“第三条道路”这个概念来阐述自己的政治哲学。

那么，究竟什么是“第三条道路”呢？布莱尔说：“第三条道路是通向现代社会民主主义的复兴和成功之路。它并不是左派和右派之间简单的妥协，它力图吸取反对派和中—左派的基本价值，把它们运用于社会经济发生了根本变化的世界中，而这样做的目的是摆脱过时的意识形态。”他还指出，这种政治路线，“既超越沉迷于国家控制、高税收和生产者利益的老左派，又超越倡导狭隘的个人主义的新自由放任以及笃信自由市场是万能良药的信念的新右派”。布莱尔强调说，“第三条道路”是“从民主社会主义的中—左思想和自由主义这两股巨流的汇合中汲取了活力，但民主社会主义与自由主义在本世纪的分裂严重削弱了整个西方的政治进步”①。

吉登斯、布莱尔等所倡导的“第三条道路”，在欧美发达资本主义国家和其他地区的政界，产生了深刻的影响，同时也引起了激烈的争论。有相当多的政治家表示支持，但是，也有一些人是持批评态度

① 杨雪东等主编：《第三条道路与新的理论》，社会科学文献出版社2000年版，第25—26页。

的，有的甚至提出了尖锐的不同观点。在经济全球化时代，“第三条道路”难道是唯一的选择吗？答案是否定的，比如说，拉丁美洲的一些政治家们，就在共同寻找替代新自由主义的所谓“第四条道路”。那么，会不会有人提出“第五条道路”呢？这是谁也阻挡不了的事情。因为，社会经济、政治发生根本变化的，不仅仅在欧美的发达资本主义国家中。

“第三条道路”这条政治路线的提出，即欧美发达资本主义国家在政治意识形态方面这一次根本性的转型，是有深刻的经济政治文化发展变化背景的。对此，布莱尔是这样说的，要把“第三条道路”这种新的基本价值“运用于社会经济发生了根本变化的世界中”。看来，他是把问题的关系搞颠倒了，实际上应当这样来表述：“第三条道路”这个基本价值观，是当今世界发生的根本性经济变化在政治意识形态上的反映。这种根本性的经济变化，是怎么形成的呢？原因当然是复杂的，但是，最根本的、最重要的原因，则是当代科学技术的发展，特别是高科技的发展，所引起的经济政治文化的革命性变革。这一点，未来学家们阐述得是很清楚的。

在《第三次浪潮的政治》一书中，托夫勒说，科技革命浪潮的冲击，使得那些旧的政治分析方式都不再适用了，因为“在美国以及其他许多国家，第二次和第三次浪潮的冲撞造成的社会张力、危险的冲突和奇怪的新政治潮锋，跨越了通常的阶级、种族、性别或党派分野。这一冲撞使得传统的政治词汇变得混乱不堪，从而使区分进步与反动，辨别敌人与朋友变得十分困难。所有旧的对立和联盟都分崩离析了”①。

这样的政治意识形态状况，在目前的信息革命时代，在知识经济时代，在经济全球化的大浪潮之下，表现得更突出了。这其中，人们

① 〔美〕阿尔温·托夫勒、海蒂·托夫勒著，陈峰译：《创造一个新的文明　第三次浪潮的政治》，上海三联书店 1996 年版，第 8 页。

对高科技知识特殊价值的认识，高科技知识在社会财富创造体系中的极为特殊的作用，对传统的政治意识形态观念局限，产生了革命性的冲击作用。在这个问题上，托夫勒阐述了一个深刻见解：“一个世纪以来，社会主义者和资本主义的辩护者展开过有关公有制对私有制的残酷斗争。许多人为了这个问题而真正地献出了他们的生命。他们双方所想象的都不是一个新的财富创造制度。这一新的财富创造制度，实际上将使双方的论点都不合时宜。”“然而，这正是眼下已经发生的。现在，最重要的财产形式是无形的。它是超级符号性的。它就是知识。同样的知识可以同时为许多人用来创造财富，并产生更多的知识。与工厂和田地不同，知识实际上是无穷尽的。”① 信息时代即知识经济时代的这个本质特征，告诉我们，在高科技面前，如果仍然坚持传统的意识形态观念，不变革，已经无法生存下去了。

这说明了什么问题呢？在信息时代，在知识经济时代，作为第一生产力的信息、高科技知识，已经成为创造财富的最有决定性意义的因素。从逻辑上说，在信息时代，创造财富的制度，已经没有了政治意识形态性质。在发展科学技术，特别是发展高科技的问题上，在运用科学技术提高生产力水平的问题上，不存在姓“资”还是姓“社”的问题，没有政治上社会制度的性质界限。而且，在信息时代，在知识经济时代，这已经成为国家自身的战略利益问题。所以，邓小平认为，当着处理国际关系的时候，我们应该以自己的国家利益为最高准则来谈问题和处理问题，也就是说，在这样有关国家自身长远利益的问题上，不应当计较社会制度和意识形态的差别。② 这就是说，在现时代，而在高科技时代，在处理国家间的关系问题上，我们应当超越社会制度和意识形态，把着眼点放在国家自身的长远战略利益上。

---

① 〔美〕阿尔温·托夫勒、海蒂·托夫勒著，陈峰译：《创造一个新的文明 第三次浪潮的政治》，上海三联书店 1996 年版，第 61 页。

② 《邓小平文选》第 3 卷，人民出版社 1993 年版，第 330 页。

这个政治观念的革命性变革，对我们来说，也是一次思想解放，即把我们的思想从以前那种传统僵硬政治意识形态格局的束缚中解放出来。放眼世界，去掉主观偏见，我们可以看到经济制度、经济体制的多样化，即各种各样的创造财富的制度；同时，我们也可以看到政治意识形态的多样化，社会政治制度的多种性质，既有形形色色的资本主义，也有各种各样的社会主义。所以，我们在政治意识形态上，要更加善于和各种各样的政治家打交道，善于和各种各样社会制度的国家友好往来，善于和持有不同政治意识形态观点的人们和平相处。目的只有一个，捍卫我们国家的长远战略利益。

三、科技革命和人类政治视野的扩大

“政治”，是政治学的最基本的范畴，也是最古老的范畴之一。自人类进入文明社会以来，就有了政治，主要就是残酷的阶级斗争。但是，随着经济、文化、科技的发展，政治斗争的内容明显地在不断发生变化，人类社会的政治舞台日益宽广，人们的政治视野逐渐扩大。当然，不同的阶级对政治都有自己的解释，因此，政治这个范畴的内涵也就显示出了历史的和阶级的局限性。马克思主义从经济和政治关系的历史发展中，对政治的本质进行了深入的研究。马克思主义对政治范畴的科学界定，使人类的政治视野更加扩大了。但是，由于教条主义的思想方法，在我们的理论研究中，对政治这个范畴的内涵，逐渐形成了一些僵化的理念。比如说，在一些人看来，没有阶级斗争的政治，那几乎是不可想象的事情！所以，对于这样一些人来说，他们的政治视野是很狭隘的。

马克思恩格斯认为，科学是历史发展的有力的杠杆，是推动社会进步最高意义上的革命性力量。在当今世界的政治发展中，科技革命浪潮，特别是一些高科技的发展，正在冲破原来那些僵化政治理念的束缚，使人们的政治生活领域空前扩大，政治理论视野得到极大的扩展。通过对政治生活实践经验的总结，使政治范畴本身，无论是在内容上，还是在形式上，都发生了深刻的变化。这就是说，在科学技术革命浪潮的推动下，人类的政治视野也在不断扩大。人类政治视野的扩大，是社会文明水平提高的一个极为重要的标志。

在这里，我们以“时间政治”这个新理念的提出，以人类在科技革命时代对时间的价值的认识变化为例，来说明这个问题。

1999 年 10 月 3 日英国《观察家报》上发表了一篇题为“拼命节约时间”的署名文章（作者理查德·里夫斯）。文章说，我们生活在一个快节奏、紧张的世界里，“为了时间，我们在进行一场经常的、难以琢磨的战争。如果说等级政治支配了这个世纪（20 世纪），那么时间政治将支配下个世纪（21 世纪）”。文章说，在匆匆忙忙的文明社会中，本来是有着等级色彩的，但是，在过去几十年中的一个最大的变迁是发生在时间和地位所存在的关系上。有的科学家指出，现在，在时间和地位之间出现了强大的反差，即白领阶层的人工作时间越来越长；反之，如果有人看到你有时间闲着，那表明你的地位低！于是，时间成了新的政治战场，成了一个重要的政治问题。这篇文章引用一位专家的话说，虽然时间的政治意义越来越突出，但是，还没有人适当地考虑这个问题。[①] 看来，这位作者是有所忽略的，因为从不同的角度研究这个问题的，大有人在。

托夫勒在 1995 年出版的未来学著作中就认为，由于信息技术的发展和运用，“速度经济取代了规模经济”。他引用一位专家的话说：“货币光速般地运行，信息必须运行得更快。”所以，在信息科技时代，“时间成了关键变量”[②]。在现代社会的政治生活中，时间正在成为

① 以上材料见 1999 年 10 月 27 日《参考消息》。

② 〔美〕阿尔温·托夫勒、海蒂·托夫勒著，陈峰译:《创造一个新的文明　第三次浪潮的政治》，上海三联书店 1996 年版，第 38 页。

关键的变量。

微软公司的创始人比尔·盖茨，就是这个方面的捷足先登者之一。他在1995年出版的第一本著作《未来之路》之后，1999年又出版了第二本书《未来时速——数字神经系统与商务新思维》。他在信息革命的开始时代，提出了一个新的概念——数字神经系统。这个所谓的数字神经系统是一个整体上相当于人的神经系统的数字系统。它使一个组织能感知其所处的环境，迅速察觉竞争者的挑战和客户的需求，并做出及时的反应。数字神经系统将使未来人以思考的速度经营商务。在这本书中，盖茨认为，未来十年科学技术的发展，特别是互联网技术，将改变个人与组织的工作方式，将一种新的时空观念带到现实中来。他说，如果说20世纪80年代是注重质量的年代，90年代是注重再设计的年代，那么21世纪的头10年就是注重速度的年代。那么，速度是什么呢？速度就是时间。时间在经济、商务中的这种突出意义，必然也要反映在政治生活中来。所以，如果有“时间经济学”，这样，就必然会产生一种“时间政治学”。

这一点，在我国的政治生活中，实际上已经有了强烈的反映。2000年3月11日，李瑞环在中国人民政治协商会议九届三次会议闭幕会上的讲话中，深刻地阐述了关于时间的政治哲学。他说：“当今世界正发生着人类有史以来最为迅速、广泛、深刻的变化。以信息技术为代表的科技革命突飞猛进，知识与技术更新周期大大缩短，科技成果以前所未有的规模和速度向现实生产力转化。”与此相应的是，“思想观念不断更新，各种文化交流日益扩大，开放意识、竞争意识和效率意识明显增强。可以说，地球越来越小，发展越来越快，慢走一步，差之千里；耽误一时，落后多年”。他在讲话中，还强调了邓小平在其文选中，是如何重视时间和速度问题的。如《邓小平文选》第2卷的60篇文章中，直接讲到时间、速度问题的，有51篇；第3卷的119篇文章中，直接讲到时间、速度的就有102篇！在世纪之交，重温邓小平关于时间的论述，格外发人深思。

李瑞环指出，大多数同志都在抓紧时间，努力学习和工作；但是，不珍惜时间、浪费时间的现象还是相当严重的：人浮于事、互相扯皮，文山会海、空话套话，无事生非、无谓争论，盲目决策、胡乱指挥，以及灯红酒绿、纸醉金迷，等等，这是很令人痛心的。所以，他深有感触地说："对于我们的国家和民族来说，时间就是发展，时间就是前途，时间就是命运。时间对我们实在太重要了！"[①]我们完全可以说，李瑞环这里谈的就是一种"时间政治学"。

在目前的高科技时代，即人们所说的信息时代，工作的节奏或速度问题，已经越来越尖锐地摆在了人们的面前。据报道，加拿大的一位高科技联盟领导人说，21世纪是网络经济时代，要在这崭新的经济生态里面领先，"速度"是决胜的关键。更值得注意的是，由于信息科技突飞猛进，网络本身也在快速变化。所以，我们在思维上的调整方向，就是"快速向未来"！[②]

大量的事实说明，时间和速度，不仅有极其重要的经济价值，同时也有极其重要的政治价值。那么，时间和速度从哪里来呢？归根到底要从改革中来。这就是说，我们的政治命运，决定于改革的成败。所以，时间政治学实质上也就是改革政治学，或者说是改革的政治哲学，创新的政治哲学——一种全新的意识形态，而这种全新的意识形态，归根到底来源于现代科学技术的发展。这就要求政治家在社会发展的这种变速中，对事变能够做出快速反应，在制度创新中，在权力结构的革新中，求得政治上的生存和发展。

① 见《人民日报》2000年3月12日。

② 《速度是网络经济制胜关键》，《参考消息》2000年1月30日。

第十讲　人类文明的进步发展与马克思主义的生命力

纵观当代世界的意识形态领域，与一百多年前马克思主义诞生的时代相比，已经发生了极为深刻的变化。各种各样的意识形态，经历了严峻的考验，如大浪淘沙，有的衰落了，有的蜕变了，有的消失了；但是，同时却如雨后春笋，诞生了无数新的思想理论流派，于是，整个世界的意识形态领域，百花齐放，百家争鸣，生气勃勃。这其中，马克思主义意识形态经历了风雨沧桑，不断发展，生机盎然，显示出了无限的前途。扎根于深厚的社会实践，沿着人类文明发展大道不断地前进，马克思主义意识形态必然会表现出强大的生命力。

一、人类文明发展的实践：马克思主义意识形态生命力的源泉

在与各种不同流派意识形态的并存竞争中，马克思主义之所以能够具有强大的生命力，最根本的原因，是由于它植根于人类文明发展的实践中，正是这样充满生机的实践，成为马克思主义生命力的源泉。这就是说，由于马克思主义产生于社会实践，靠社会实践经验的总结不断地得到充实和丰富，以实践的要求来指引理论的发展，因此，马克思主义能够具有生生不息的活力，在人类文明历史的长河中

不断地发展到更高级阶段。人类文明发展史的事实告诉我们，只有紧密结合社会实践，以社会实践为基础，才能培植起思想的长青之树。

我们应该承认，资产阶级的意识形态，以其人性和理性为思想旗帜，在反对封建专制主义的斗争中，显示了新生的意识形态的威力。人性和理性是资产阶级意识形态的思想理论根据，这是它的历史价值之所在，是它的历史优越性之所在，但是，也是它的历史局限性之所在。在这一点上，马克思主义意识形态与资产阶级意识形态相比，站到了更高的历史认识阶段上，这就是它不仅仅批判地继承了资产阶级意识形态的那些思想理论优点，而且更加重视社会实践，把自己与新型的社会实践紧密结合在一起。正是这种“实践的意识形态”，使马克思主义不断地显示出了自己无穷的生命力。

我们说马克思主义意识形态的实践本性，是指它的全部理论都是以实践为依归，产生于实践，在实践中经受检验，再对新的实践经验进行新的理论概括，通过实践而不断地向前发展，实践赋予马克思主义意识形态以无限的活力。人类社会的实践具有广阔的领域和丰富的内容，这其中，意识形态的发展，归根到底是由以生产力为基础的生产关系即经济基础的变革决定的，同时，由此而形成的上层建筑各领域，特别是政治上层建筑的变革，对意识形态的发展，具有直接的推动作用。

在当代社会发展的重要实践中，以生产力与生产关系之间的调整为实质内容的经济体制改革，是社会实践中具有基础性的决定因素。这其中的一个重要问题，就是现代社会经济关系变革的重要阶段，即市场经济体制产生和发展对政治意识形态演变的深刻影响。这里，以市场经济体制的产生和发展过程对道德观变革的深刻影响为例，来说明这个问题。由于市场经济社会效应的复杂性，市场机制作用自然会产生一些现实的道德矛盾，以及相应的道德难题，但是，市场经济体制的道德效应，从根本上说是积极的、肯定性的。所以，应该实事求是，从实际出发，对市场经济的历史作用做出科学的道德评价，把我们的思想从对市场经济的传统道德偏见的束缚中解放出来。为此，我们需要首先研究一下市场经济体制机制基本的、主要的社会作用。如果简单地说，就是市场形成了社会资源的合理配置，而这其中起决定作用的是市场竞争机制；在市场经济发展的过程中，市场经济中的每一个人都是平等的、独立的主体，而市场竞争机制，是公开的、公平的、有规范的。这就决定了市场经济竞争的结果，对作为市场经济主体的每一个人，应该都是公正的，因此，市场经济在客观上形成了一种公正的社会道德意识，并且伴随着市场经济一起向前发展，不断地提高人们的这种道德意识水平。

在社会主义市场经济体制机制中，每个劳动者都是市场这个社会共同体的平等、自由的主体，这就使他们具有了明确的个人利益意识；同时，他们又通过市场经济关系构成了不可分割的利益共同体，并且遵循统一的经济行为规则。所以，市场经济中的每个成员，实际上能够通过维护共同体的集体利益，而达到追求个体的利益的目的。这样，人们在市场经济活动中能够真正实现个人利益与集体利益的统一。这反映在道德意识的变化上，就是形成了一种具有社会性质的新的集体主义原则。这个我们称为社会集体主义的道德原则，是以真实集体中个体主体的自由平等为基础的。在这样的情况下，市场经济中的劳动者能够真正把个人利益和企业社会的集体利益结合起来，这是一种真实的集体主义精神。所以，正是在这个意义上，我们可以说，现代市场经济体制机制的发展，是集体主义道德原则一种历史性的深化。

在社会主义社会的改革实践中，政治体制改革对马克思主义意识形态发展的推动作用，是有特殊重要意义的。社会主义政治体制改革的根本目标，是完善和发展社会主义民主政治体制，而社会主义民主政治体制的核心，是切实保障人民当家作主根本制度的实现。当前，整个世界民主政治的发展都面临着的一个严峻的如恩格斯当年所说的难题：在所有的国家中，社会公仆变成社会主人的现象，都是不可避免的。[①] 所以，必须认真探索一种防止社会公仆变为社会主人的政治途径。为了真正解决这个问题，要通过政治体制改革把公民、社会、国家三者之间的关系，纳入现代民主政治的轨道。这里所谓现代民主政治的轨道，就是理顺公民、社会、国家的权利、权力关系，确认公民是整个社会的权利主体，国家权力机关是为社会服务、维护公民利益的社会公仆。这样的权力关系的确立，是防止社会公仆变为社会主人的根本政治措施。在目前我国社会中，通过社会主义政治体制改革，正在建立和不断完善这种民主性质的权力结构，并且形成了相应的社会主义民主政治意识。这是马克思主义意识形态的一个重要发展，具有深远的历史意义。

在当代我国社会中，整个社会改革的实践，包括经济体制改革、政治体制改革以及文化体制改革的实践，是推动马克思主义意识形态变革的直接动力，并且正在把马克思主义意识形态提高到新的历史水平上去。

二、认真总结实践经验，在新的科学概括中实现马克思主义的理论创新

作为时代发展产物的马克思主义意识形态，能够充分反映时代的发展趋势，这就使它的思想体系和基本理论观点，必然有着无限的发展前途。但是，同时我们也应该清楚地看到，作为时代产物的意识形态，马克思主义意识形态也必然具有时代的局限性。这就决定了，马克思主义意识形态在本质上是必然要不断向前发展的，所以，在人类

① 《马克思恩格斯选集》第 3 卷，人民出版社 1995 年版，第 12—13 页。

文明的演进中，它有着广阔的发展空间，能够不断地显示出强大的理论生命力。马克思主义意识形态的这个本质特征，要求我们必须积极地、认真地总结实践经验，进行新的科学概括，不断地实现马克思主义的理论创新。

历史已经证明，“文化大革命”结束和改革开放新时期的开始，是中国的第二次革命，因为它在我国的经济、政治、文化等各个主要社会领域，都引起了极为深刻的变革，而这些社会变革是由意识形态的变革拉开历史序幕的。我们已经说过，是党的十一届三中全会确定了实事求是、解放思想、坚持检验真理的实践标准的马克思主义思想路线，为新时期的社会主义改革开放奠定了思想理论基础。我国的社会主义改革开放实践证明，没有马克思主义思想路线的确立和深入人心，就不可能有社会主义改革开放这样的历史性创举；同样的道理，没有社会主义改革开放深入发展这个伟大实践，也就不可能有马克思主义意识形态的创新和发展。

在这里，人们可能会提出这样一个问题：为什么在这个关键时刻能够产生并且确立马克思主义思想路线呢？从根本上说，这是历史发展的需要；同时，也因为马克思主义思想路线的形成已经具备了相应的客观历史条件，具体说就是，马克思主义思想路线是对新中国成立以来经验教训进行科学总结的一个必然结果。由此可见，马克思主义思想路线的产生和确立，是我们在社会主义改革开放实践经验总结基础上的一个伟大的意识形态理论创造。

在改革开放过程中，马克思主义思想路线确立的同时，一个具有历史意义的、事关全局性质的重要事件，是全党和全国在指导思想上由“以阶级斗争为纲”转变为“以经济建设为中心”。为什么会有这样的重大思想转变呢？这是认真总结长期以来指导思想上严重失误的经验教训所必然得出的历史性结论。“文化大革命”前一个相当长的时期里，由于对马克思主义的教条主义和政治实用主义的理解，特别是再加上对国内实际情况的错误认识，提出了全党和全国的全部工作都以“以阶级斗争为纲”，其结果是发动了“文化大革命”之类错误的政治运动，使整个国家面临着经济、政治上的危机。在马克思主义思想路线的指导下，总结经验教训，使指导思想重新回到马克思主义上面来，彻底否定了“以阶级斗争为纲”，确立了“以经济建设为中心”，实现了党在指导思想上的重大转变。由“以阶级斗争为纲”转变为“以经济建设为中心”这个指导思想转变的实质是什么呢？它意味着我们已经从长期以来教条主义和政治实用主义的思想束缚中解放出来，标志着中国马克思主义意识形态发展史上一次创造性的发展。

在中国的社会主义改革开放过程中，还有一个意识形态领域中具有重要历史意义的理论创新，这就是从人治到法治的重要转变。由旧的人治体制转变为现代法治体制，是我国社会主义体制改革的重大实践，这对于推动马克思主义意识形态的创新发展，具有重大作用。

在人类的文明发展史上，从人治走向法治，是一个相当长的历史过程，应该说，现在我们仍然在经历着这样的历史过程。需要指出的是，在近代以来则是由于对民主政治和司法实践经验不断地总结，才真正逐步实现着由人治向法治的转变。在整个世界上，特别是在我国的社会主义改革开放过程中，由人治向法治的这个转变，是在不断地总结民主政治和司法实践经验的基础上实现的意识形态变革。

一般来说，法治是与人治相对而言的，那么二者的本质区别是什么呢？那就是要看在进行重大决策的过程中，当法律与领导者的个人意志发生矛盾的时候，最终是法律的权威高于个人的意志，还是个人的意志高于法律的权威。所谓人治，就是在进行重大决策的过程中，领导者把个人的主观意志置于法律之上，国家的一切大事实际上是由领导者个人或少数人按照自己的主观意志来决定的。当然，在这种基本上是人治的情况下，也不同程度地运用法律。但是，在整个的决策以及政策的执行过程中，当权者的行为都带有很大的随意性，表现为一种被称为“长官意志”在起主要决策作用的现象。在中国的政治文明发展史上，人治正在成为历史。

什么是法治呢？一般来说，现代法治与人治相反，倡导人人在法律面前一律平等，反对任何形式的特权。随着社会的进步，在总结民主制度下司法实践经验的过程中，法治思想也在不断丰富和发展着。《牛津法律大辞典》对“法治”概念的界定为：“在任何法律制度中，法治的内容是：对立法权的限制；反对滥用行政权力的保护措施；获得法律的忠告、帮助和保护的大量的和平等的机会；对个人和团体各种权利和自由的正当保护；以及在法律面前人人平等。”[①] 这个界定应该说是比较全面的。但是，对究竟什么是法治的问题，在学术界一直存在着争论。1959 年在印度召开了一次国际法学家会议，在会议上通过的《德里宣言》总结了各国司法经验教训的基础上，综合各国法学界对“法治”的研究成果，提出了三条法治原则：（1）根据法治原则，立法机关的职能就在于创设和维护得以使每个人保持人类尊严的各种条件；（2）法治原则不仅要对制止行政权的滥用提供法律保障，而且要使政府能有效地维护法律秩序，以保证人们具有充分的社会和经济生活条件；（3）司法独立和律师自由是实施法治原则不可少的条件。[②] 应该说，这个对法治的界定是更全面了。在当代世界文明的发展中，法治原则的完善和发展，归根到底是民主政治和司法实践经验不断总结的结果。

社会主义改革开放的实践证明，我国正在沿着人类政治文明发展的基本方向前进。与整个世界政治文明发展方向相一致，我国社会也在不断地摆脱封建专制主义和人治的束缚，迅速走向民主和法治的

---

① 《牛津法律大辞典》，光明日报出版社 1988 年版，第 790 页。

② 引自王人博、程燎原：《法治论》，山东人民出版社 1998 年版，第 97 页。

社会主义新阶段。在这方面，1978年12月中国共产党十一届三中全会关于加强法制建设的决定，是有深远历史意义的。全会公报明确指出，为了保障人民民主，必须加强社会主义法制，使民主制度化、法律化，使这种制度和法律具有稳定性、连续性和极大的权威，做到有法可依，有法必依，执法必严，违法必究。检察机关和司法机关要保持应有的独立性；要忠实于法律和制度，忠实于人民的利益，忠实于事实真相；要保证人民在自己的法律面前人人平等，不允许任何人有超于法律之上的特权。历史将证明，对我国当代司法实践经验的这个科学概括，为我国社会由人治走向法治奠定了坚实的政治思想基础，为当代中国的社会主义法治建设指出了一条正确道路。随着我国民主政治和司法实践经验的科学总结，我国已经明确地走上了依法治国的道路，正在建设中国特色社会主义的法治国家。整个社会法治意识的不断提高，标志着中国特色社会主义实践经验总结，正在把马克思主义意识形态提高到新的历史水平上来。

三、马克思主义在批判地继承人类文明积极成果的过程中不断向前发展

作为一种科学的思想体系，马克思主义之所以具有不竭的强大生命力，是因为它没有任何宗派主义和保守主义的气息，它是人类文明发展的集大成者，并且始终在批判地继承人类思想和文化发展中一切有价值的东西，所以，能够在实践的基础上不断地充实和丰富自己的理论体系。关于这个问题，从马克思主义理论体系的来源上可以得到有力的说明，即马克思主义的三个组成部分哲学、政治经济学、科学社会主义，它们分别来源于19世纪的德国古典哲学、英国的古典政治经济学和法国空想社会主义。并且，自其诞生之后，马克思主义也在不断批判地继承人类思想文明发展中有价值的思想，从而使马克思

主义日益丰富和完善起来，并且在实践中显示出这种科学意识形态的强大生命力。

正是基于马克思主义意识形态的这个本质特征，列宁指出：“如果你们要问，为什么马克思的学说能够掌握最革命阶级的千百万人的心灵，那你们只能得到一个回答：这是因为马克思依靠了人类在资本主义制度下所获得的全部知识的坚固基础，马克思研究了人类社会发展的规律，认识到资本主义的发展必然导致共产主义，而主要的是他完全依据对资本主义社会所作的最确切、最缜密和最深刻的研究，借助于充分掌握以往的科学所提供的全部知识而证实了这个结论。凡是人类社会所创造的一切，他都有批判地重新加以探讨，任何一点也没有忽略过去。凡是人类思想所建树的一切，他都放在工人运动中检验过，重新加以探讨，加以批判，从而得出了那些被资产阶级狭隘性所限制或被资产阶级偏见束缚住的人所不能得出的结论。”列宁还指出：“马克思主义这一革命无产阶级的思想体系赢得了世界历史性的意义，是因为它并没有抛弃资产阶级时代最宝贵的成就，相反却吸收和改造了两千多年来人类思想和文化发展中一切有价值的东西。”[①]

列宁所说的这个道理，已经在马克思恩格斯在其不知疲倦的学术生涯中，研究领域之宽广、研究史料之广泛、研究著作之丰富的事实中得到了有力的证明。就其宽广的研究领域来说，马克思恩格斯对于人类知识几乎所有的重要领域，经济、政治、哲学、文化、历史、科学、艺术等，都有过深入的研究。他们理论体系中的每一个学说，都有深厚的思想渊源。这里举几个例子来说明我们的这个论点。

其一是马克思的年青时代。辩证法是马克思哲学中的精华，那么，他的这个辩证法是来源于哪里？马克思坦率地承认，是来源于德国古典哲学大师黑格尔。在马克思恩格斯看来，黑格尔的唯心主义辩

① 《列宁选集》第4卷，人民出版社1995年版，第284—285、299页。

证法，是马克思主义辩证法之前的辩证法的最高峰。马克思在谈到自己的思想形成过程时曾经说过，他“从头到尾读了黑格尔的著作，也读了他大部分弟子的著作”[①]。虽然马克思在以后系统严肃地批判过黑格尔的哲学，但是他始终真诚地承认自己是这位大哲学家的学生。

其二是马克思的中年，为了写作《资本论》，马克思在大英博物馆中，把几乎所有的有关资料都翻阅过，据统计，他研究和利用过书籍、文献达1500多种。正如列宁说的：“把马克思和达尔文相比较是完全正确的：《资本论》不是别的，正是‘把堆积如山的实际材料总结为几点概括的、彼此紧相联系的思想’”[②]。完全可以这样说，马克思的《资本论》是人类经济发展史中有价值思想的集大成。

其三是马克思的晚年，呈现在我们面前的晚年马克思的《历史学笔记》（中译本，中国人民大学出版社2004年版），这是马克思晚年所写的一部史学手稿，马克思逝世后，恩格斯在整理这部手稿时，给它加了一个《编年摘录》的标题。如果翻阅一下这部大书，我们就会惊奇地发现，为了进一步掌握人类文明发展中那些宝贵的思想财富，马克思在这个笔记中，是按年代从公元前1世纪到公元17世纪中叶世界各国特别是欧洲各国的历史事件，做了认真摘录，共有4册，中译本的字数是1650000！这是马克思毕生都在努力吸取人类社会发展中那些宝贵思想财富的生动写照。

马克思主义自其诞生开始，就是一直在批判地继承人类文明积极成果的过程中不断向前发展的。同样的，中国的马克思主义的形成、发展和不断完善，也是这样一个历史进程。从根本上说，中国的马克思主义的形成和不断地发展，是马克思主义中国化的过程。这里所说的马克思主义的中国化，是对经典马克思主义的继承，并且使马克思

① 《马克思恩格斯全集》第47卷，人民出版社2004年版，第15页。

② 《列宁选集》第1卷，人民出版社1995年版，第9—10页。

主义与中国的实际相结合，随着时代的发展，在不断地总结实践经验基础上进行科学的理论概括，从而逐渐形成了当代的中国特色社会主义思想体系。

我们还应该充分认识到的一个问题是，当代的中国特色社会主义思想体系，是在深厚的中国传统文化基础上逐渐形成的，并且是对中国优秀传统文化中那些有价值因素的不断升华。同时，我们还应该充分认识到，当代中国特色社会主义思想体系，不仅是建立在深厚中国优秀传统文化基础上、是马克思主义中国化的产物，而且，同时是整个人类文明发展的继续和组成部分。这就是说，中国特色社会主义思想体系的发展，时刻都不能离开中国传统文化和人类文明的发展。所以，我们必须在认真总结现实实践经验的过程中，努力从中国优秀传统文化和人类文明发展中吸取丰富的思想营养，这样，中国特色社会主义理论体系这棵马克思主义意识形态的思想之树，才能根深叶茂，茁壮成长。

后 记

根据学校教学需要，我曾经写了《当代意识形态研究》一书，于1993年由中共中央党校出版社出版。现在看来，虽然其中的有些基本理论还有一定价值，但是，许多内容显然已经过时。这些年中，在总结实践经验的基础上，哲学、政治学理论界对马克思主义意识形态的深入研究，又取得了许多重要学术成果。现在，这些理论进展已经反映在党的有关文献之中，并且许多思想已经付诸实践。

在这些年教学和科学研究中，我对意识形态研究中的学术资料做了一些积累，对马克思主义意识形态研究中的一些新问题进行过思考。《意识形态问题十讲》就是我在这个时期中对当今社会中意识形态理论研究主要问题进行简明扼要系统阐述的一个尝试。

《意识形态问题十讲》一书的写作和出版，得到了中共中央党校出版社领导的大力支持，中共中央党校出版社第一编辑室编辑给作者以热情鼓励和多方面帮助。对此，我表示衷心感谢。

宋惠昌

2019年11月于中共中央党校